社員が辞めない会社の作り方

採用・定着の新基準
「エンゲージメント」のすべて

株式会社 Take Action'
代表取締役
成田靖也

幻冬舎

社員が辞めない会社の作り方

採用・定着の新基準「エンゲージメント」のすべて

はじめに
採っておしまいの「採用業界」から、従業員エンゲージメントを支援する「定着業界」へ

人手不足が深刻です。

「募集しても、ほとんど応募がない」

「せっかく採用しても、辞めてしまう」

経営者のみなさんは頭を抱えています。人材採用に悩み、そして採用したと思えば、定着させる悩み、離職リスクと、経営者の人材に対する悩みはつきません。

そんな中、採用をお手伝いする業界は活況を呈しています。採用バブルとさえいわれます。採用支援ビジネスにとって取引先の「採った、辞めた」は、新たな契約を生んで

くれるのです。

あらためまして、『社員が辞めない会社の作り方』を手に取ってくださり、ありがとうございます。

私は、新卒で採用支援業界に入り、営業マンとして経営者、人事・採用担当の方々に日々接してきました。２０００年代のいざなみ景気といわれた景気拡大期、採用市場は大忙しでした。リーマンショックで一転してリストラの嵐が襲いましたが、その後、東京オリンピック・パラリンピックに向けて求人需要も回復に向かい、人手不足が顕著となりました。

営業マンの私は、おかげさまで成績を上げることができたのですが、自分のしていることへの違和感もまた膨らんでいきました。お世話になっている会社で、「また人辞めちゃったよ。成田君、また募集したい」と社長に言われると、「そうですか、残念ですね。あんないい子たちだったのに」と言いながら頭の中で見積もり計算をしている自分がいるのです。営業だからしょうがないなと思いつつ、何かちょっと違うんじゃないか、という思いがどんどん強くなっていきました。サラリーマン時代、私の周りには、そうした矛盾について口にする人はいませんでした。

入社した人材が辞めることなく、そのまま会社に定着すれば、採用にかけるコストは抑えられ、そのお金を社員の給与に充てることや会社の発展のために投入することも可能になります。

正直に言って、採用支援業界は顧客企業の社員の定着に貢献してきたのかと問われると、イエスとは答え難いです。なぜなら、「辞めるほど儲かる」ビジネスだからです。テレビをつけても電車に乗っても転職を誘うＣＭが目に入ってきます。「自分らしい仕事を見つけた」「さらにキャリアアップ」。どれも耳に触れる言葉の響きは良いのですが、転職を誘発する採用支援業界に私はとても疑問を感じてきました。

採用支援会社の当たり前を壊したい。そんな熱い想いが私の奥底から湧き上がってきました。

「定着業界をニッポンの新基準に！」

私が起業に込めた思いがこの言葉です。本当の意味で企業の求める「定着する採用」を目指して、活躍人材の創出を求めて、私は「Take Action’（テイクアクション）」を起業しました。「定着業界」とは聞きなれない言葉かもしれません。そんな言葉は世の中にないのかもしれません。ですが、定着しないままに採用だけを繰り返し支援することは、いわば、穴のあいたバケツに水を注ぐビジネスです。

活躍・定着のキーワードは「従業員エンゲージメント」。「会社の成長」と「個人の成長」がかみ合い、連動（エンゲージメント）することです。このことについては、本書でじっくり語っていきます。

まずは、今、日々働いている社員の方々を大事にして活躍できる制度、良い社風を作り出して離職を減らすこと。会社のビジョンと個人のビジョンが連動し、双方に有益な関係を築くこと。それを前提とした採用であるべきです。私たちが支援する会社にはそうであってほしい。ですから、私たちは「定着業界」を作り出し、それが日本の当たり前となることを目指します。

採用支援会社としては異端かもしれません。しかし、私たちが目指す方向こそが、クライアントである企業にとって、本当に必要な方向であることは間違いないと確信しています。

本書では、私たちがこれまでに培ってきたノウハウを公開します。このノウハウが、あなたの会社の良き採用、社員の定着・活躍に少しでもお役に立てますことを願います。

目次

第1部

採用・定着・
従業員
エンゲージメント

第1章
今なぜ、組織は「定着」を大切にするべきか

人手不足で倒産する会社が増えている

求人難は、中小企業、または不人気業界といわれる企業にとって、日常的かつとても切実な問題です。今や休業に追いやられ、さらには倒産にまで至る企業が増えています。帝国データバンクの「人手不足倒産」の調査では、従業員が辞めたり採れないことが原因の倒産が２０１７年には１０６件に上りました。２０１８年は上半期ですでに70件に達し、前年同期比で3年連続の増加です。倒産する前に休廃業を決断する事業主もいるでしょうから、会社を閉じた数はもっと多いと見なければなりません。

また、日本商工会議所の調査（「人手不足等への対応に関する調査」２０１８年6月

7日）によれば、今後3年程度の見通しとして中小企業の半数以上が人手の「不足感が増す」としています。採ってもすぐ辞めるの繰り返しでは、採用コストは重い負担となるばかりです。みなさんの会社はどうでしょうか。もちろん市場の流れや労働人口の動きなどの要素もあるかと思いますが、我々経営者はそんなことも言っていられません。「定着を見据えた採用」と同時に、採用したら「定着、活躍させる」土壌づくりがよりいっそう必要となってきているとあらためて認識することが重要です。

採用難だからこそ、定着する組織にすべき

採用難とはいうものの、まず伝えておきたいことがあります。「少子高齢化」「人口減少」といいますが、御社が採りたい人たちは、減っているのでしょうか。働いている人は減っていません。むしろ増えています。総務省は労働力調査（2018年7月分）で、就業者数は2013年1月から67か月連続で増加していると発表しています。

少子化というと、子ども・若者の数がどんどん減っているかのように思えます。でも、

18歳人口はこの10年間、１２０万人前後で、ほぼ変わっていません。大学入学者は60万人台で少しずつ増え、２０１８年は63万人になっています（図１）。

ですから、採用担当者から「若者・学生が減っているので採れません」と報告を受けたら、社長には「若者・学生は減ってないよ。採れない原因は別にある」と、採用戦略を再考していただきたいのです。確かに採用に力を入れている企業は増えていますので、競合が多くなっているのは事実です。

図1 18歳人口、大学入学者の推移

年	18歳人口	大学入学者
2009	121万人	61万人
2010	122万人	62万人
2011	120万人	61万人
2012	119万人	61万人
2013	123万人	61万人
2014	118万人	61万人
2015	120万人	62万人
2016	119万人	62万人
2017	120万人	63万人
2018	118万人	63万人

出所：国立社会保障・人口問題研究所
「日本の将来推計人口」、
文部科学省「文部科学統計要覧」

関連して、大卒者の求人倍率を見てみます。「大卒求人倍率」とは、民間企業への就職を志望する学生１人に対する企業の求人状況を示した数値で、求人総数を求職者で割って算出します。例えば、「２００８年３月卒　２・１４倍」とは、学生１人に対して企業の求人が２・１４社あったということです。

近年の動きを見ると、リーマンショックの影響が2010年3月卒者に出て、倍率が2・14倍から1・62倍に下がりました（図2）。さらに東日本大震災の影響から2012年3月卒者では、前年の1・28倍から1・23倍に下がりましたが、翌年には1・27倍と上昇しています。いずれにしても売り手市場です。2019年3月卒は1・88倍。売り手市場の傾向は年々強まっています。

では、「採用難」から脱するにはどうしたらいいのでしょうか。

結論は、採用も大事だけれど、人材の定着に重きを置くべきだということです。確かに時系列では採用↓定着の流れですが、私がよくお客様に話すのは、定着を考えることが採用を成功させる第一歩だということです。

なぜ、定着から考えるべきか。そ

図2 大卒求人倍率の推移

大卒求人倍率の推移	
2008年3月卒	2.14倍
2009年3月卒	2.14倍
2010年3月卒	1.62倍
2011年3月卒	1.28倍
2012年3月卒	1.23倍
2013年3月卒	1.27倍
2014年3月卒	1.28倍
2015年3月卒	1.61倍
2016年3月卒	1.73倍
2017年3月卒	1.74倍
2018年3月卒	1.78倍
2019年3月卒	1.88倍

出所：リクルートワークス研究所

の根拠を次にお話ししたいと思います。

採用課題と定着課題、どちらを優先させるか

経営者は採用課題と定着課題のどちらを優先させるべきか。その答えは、定着課題です。理由は明確です。採用とは、企業の魅力の掛け算です。弊社では以下のように考えています。

私たちは企業の魅力にはソフト面とハード面とがあると考えています（図3）。ソフト面の魅力というのは、理念、ビジョン、企業文化、社風、人間関係、働く人など。会社の取り組みや働く一人ひとりの意識づけによって、それらは魅力となる要素をいくらでも増やし、最大化していくことができます。また、ハード

図3 活躍している人材の流出を防ぐ、定着に必要な要素

ソフト面	ハード面
理念	給与
ビジョン	労働環境
企業文化	勤務時間
社風	勤務地
人間関係	業界
働く人	福利厚生
成長性	評価制度
ルール	休日
マニュアル	教育体制
成長できる環境	
↓	↓
無限大に広げることが可能	拡大・変更に限界がある

©Take Action'

面の魅力というのは、給与、労働環境、勤務時間、勤務地、業界など。増やし、高めていくことが重要ではあっても、すぐに明日から変えるというのは難しい要素です。これらの魅力が絡み合い、多くなればなるほど求職者の応募が増え、採用しやすくなります。

一方、人材が定着しない会社というのは、悪い言い方をすれば魅力がない会社、魅力が乏しい会社です。既存の社員が定着しようと思えない、定着できない会社に求職者は応募するでしょうか？　喜んで入社してくれるでしょうか？　そんな環境で採用活動を行っても必ず失敗します。

もちろん完璧な100点の会社はありませんので、どの会社も不足だらけの中で組織を運営していると思いますが、少しずつソフトの魅力とハードの魅力を増やして、採用活動で戦うための土壌づくりとして既存社員が定着する環境を整えていく必要があります。

定着の定義はなぜ存在しないのか

先ほど、採用も大事にしながら既存社員の定着を大事にしていきましょうとお話ししました。では、定着とはどんな状態を指すのでしょうか。今一度よく考えてみましょう。

そもそも世の中に定着の定義はなく、いろいろな会社が好き勝手に自分たちの都合の良いようにPRポイントの如くこの言葉を使っています。現在、「定着率が良い」こととイコールに近いかたちで使われているのが「離職率が低い」という表現です。「離職率が低ければ、定着率が良い」、さらには「定着率が高ければ良い会社！」。そんな風潮もあります。

そこで'Take Action'では『定着業界をニッポンの新基準に！』というコーポレートビジョンのもと、何を定着の定義として位置づけるかを議論しました。定着＝離職率が低い状態なのか、離職がゼロであることが定着の定義なのか、何度も社内で議論しました。その中で、２０１６年に「定着とは、活躍している人材の離職を防ぐこと」と定義づけました。「活躍している人材」というのがポイントです。離職には、会社にとって本当に痛手となるネガティブな離職と、正直致し方ないポジティブな離職とがあると思います。企業成長にコミットしている経営者が目指すべき良い定着とは、会社に残ってほしかった大事な戦力、本当に企業の理念やビジョンを理解し、行動してくれていたメンバー＝活躍人材の定着です。活躍人材が離職してしまうネガティブな離職こそ、なんとしても避けなければいけません。

定着率が良い会社が必ずしも良い会社とはいえない

世の中には定着率100％！　とか、離職率0％！　などを売りにしている会社が多く、就職サイトや企業ホームページなどでもよくそういった謳《うた》い文句を目にします。もちろん全ての人材が会社の理念やビジョンを理解し、自分のやるべき責任や仕事を全うし、その上での定着率100％ならば、それは最高かもしれません。しかし企業の成長フェーズによって求める人物像も違ってきます。そこで、私は次のように考えています。

・企業ステージに応じた社員に求める資質や能力がある
・創業期、成長期のメンバーは、変化する企業のステージに順応することが必要
・離職率0％が良いわけではない。しかし、活躍人材が離職する場合は危険信号
・成長している組織において10％から15％くらいの離職はむしろ健全

理念やビジョン、仕事内容や人の魅力に共感して入社した人材が、数年後、志半ばで

会社を離れる（離職してしまう）ことはとても悲しいことです。企業は活躍する人材を創出し、既存社員がこの会社で働き続ける理由を創り続ける必要があります。働く人は評価に値する成果や功績を残し、ずっと会社にいてほしいと会社側に思わせる活躍人材でいることで、会社とｗｉｎ－ｗｉｎの関係が継続できると思っています。

第2章 定着を見据えた採用とは

定着を見据えた理念採用をする目的とは

理念経営とか理念採用という言葉を耳にしたことがあるかと思います。理念採用は定着を見据える上で重要です。それはなぜでしょう。理念採用の目的についてお話ししていきましょう。

まず、採用を行う目的とは企業成長を加速させるために他なりません。そして、会社のビジョンや理念に共感した人材は入社後のミスマッチが起きにくく、定着し、活躍する人材となる可能性が高いといえます。このように自社の理念に共感してくれた人を採用し、価値観や考え方が一致しているかを見極めながら行う採用が理念採用です。就職サイトや説明会で人数を確保することももちろん重要ですが、「ただやみくもに人を集める」のではなく、「理念に共感してくれた人材をより多く集める」理念採用を軸に採用活動を設計することが、定着、活躍につながるでしょう。

では、どうすれば理念に共感した人材をより多く集めることができるのでしょうか？

それはズバリ、求める人物像を「採用のペルソナ化」で明確にすることです。採用のペルソナ化とは、性別、高校、大学、学部、部活、家族構成、アルバイト、趣味、価値観、ライフスタイルなどを事細かに設定して、求職者像を作り出し、曖昧だったターゲットを明確にしていくマーケティング戦略です。採用のペルソナ化をすることで、明確なターゲットに向けて自社の理念や価値観、さらに自社の強みをどう伝えていったら良いかということも見えてきます。

自社の強みとは求職者にアピールできるＰＲポイントです。その強みは自社独自の大切にしている理念や価値観だったりします。採用を行う上で求職者に伝える理念やビジョン、他社にはない自社の強みを訴求することで、より精度の高い理念採用を実践できるでしょう。

理念採用は具体的なターゲット（ペルソナ）を採用する活動なので、採用コンセプト、それを基準とした採用フローの設計が重要です。採用フローは理念採用のために必要な施策は何かという考えから導き出します。

会社の理念に共感した人を採用できれば、ミスマッチによ

図4 Take Action'の「採用のペルソナ化」

採用のペルソナ化	
性別	男性
高校	相模原高校
部活	野球部
大学	駒澤大学
大学志望動機	楽しいことしたい
学部	経済・マネジメント
ゼミ	日本の人口・労働経済について
ゼミ志望動機	自分が働くバイト先も人が少なくてテーマが身近で興味が出た
サークル	フットサル
アルバイト	焼肉屋バイト
趣味	バイク、釣り、野球、音楽
よく行く場所	ファミレス、カラオケ
志望業界	飲食
将来の夢	夢はないけど一番になりたい
受けている会社	ベンチャー×飲食　ナッティースワンキー
よく読むもの	ワンピース、スマートニュース
有名人にたとえれば	みやぞん

©Take Action'

って辞めてしまう事態を未然に防ぐことができます。また、深い部分で想いを共有しているからこそ、将来的に活躍人材になる可能性もあります。会社の戦略が変わっても、仕事内容が変わっても、理念が変わることはそうありません。きちんと理念に共感してもらえれば、長きにわたるロイヤリティの形成・維持につながります。だからこそ、理念をいかに届くように伝えていくのかがポイントとなるのです。

参考までに弊社の採用コンセプトとペルソナをご覧ください（図4）。

採用は究極の営業活動

私たちはよくクライアントとの打ち合わせの現場で「採用は、究極の営業活動」と言っています。新卒採用でいえば、学生は約70〜80社にエントリーし、その中で興味を持った約30社の説明会に参加して複数回の選考を経て内定を数社獲得します。企業としては採用に至るためにその数社の中でいちばん興味を持ってもらい、相思相愛の状態を作らなければなりません。当たり前ですが、優秀な人材であればあるほど、様々な会社が何とか自社で採用したいと、ライバル企業も多くなります。学生は、会社を代表するといえる人事担当者の魅力、働いている社員の表情、キャリアステップなどをはじめ、ありとあらゆる側面を総合して運命の1社を決めるわけです。

いくら会話が弾んでも契約までいかなければ意味をなさない営業と同じで、「この会社に決めた！」と学生の気持ちを最終決定まで持っていかなければ全てが水の泡となるのです。

ですから本来、採用担当にはトップセールスと同じくらいの最高のハイパフォーマーを置かないといけないのです。こちらが魅力的な人物でなければ、魅力的な人材の気持ちを動かすことはできません。とはいえ企業にとって、トップセールスや前線で活躍している人材を人事に抜擢《ばってき》し、採用活動に専念させるのは、とても難しいことだというのは私も理解しています。営業をさせていればトップの成績をたたき出す人材を、バックオフィス業務といわれる売上に直結しない部署である人事に配置するのですから、経営者には相当な覚悟が必要だということは分かります。

ただ、それくらい採用活動は重要であり、そこに関わるメンバーに営業と同じ気持ちで、この人材に自社に決めてもらうという強い意志と人間的魅力がないと、真の採用成功は遠のいてしまうのです。

人事に抜擢する人材が今はなかなかいなくて、優秀な人材は顧客との接点の多い役割に回したいという考え方も分かります。そうせざるを得ない中小企業は、トップ自らが採用に取り組むべきです。理念やビジョンを最も熱く語ることができるのが社長です。理念を伝え、会社の社会的意義を理解してもらうことが採用の重要ポイントである時代にあって、社長の言動＝理念であり、社長が採用の現場に登場しないのでは、いい採用ができるはずがありません。社長こそが最高のハイパフォーマーです。

銀行の融資を受けることや新規出店の土地を見に行くことと同じくらいに学生への説明会や面接は大切です。それを片手間に考えている会社に採用成功はないし、会社の起爆剤となる人材採用はかなり困難であるといえます。採用に敗因があるとすれば、その第一はトップが本気で取り組んでいないことだといえるのではないでしょうか。これは自戒の念を込めて言わせていただきます。

採用活動は既存社員への理念浸透の場

会社の規模が大きくなると、既存社員の理念への共感が弱かったり、ビジョンが伝わっていないなど、帰属意識が薄くなってきたという経営者の方の悩みを耳にします。理念採用をし、理念に共感して相思相愛で入社するという入口管理（p86参照）をしっかり行った人材であるのに、いつしか理念への共感が希薄になってしまうのはとても悲しい話で

図5 ――私たちの想い ――フィロソフィー

Take Action’は、
これまでの採用支援会社の当たり前を壊したい！

Before

採用支援会社の当たり前とは……
・人が辞めた方がビジネスとしては美味しい。
・質が低くても、とにかく量を提供すればビジネスになる。
・採用するまでがゴールで、その後の活躍や定着を見据えない。

採用コストの増加	人材の早期流出	事業成長の鈍化

このままサービス提供をして良いのか？ という葛藤

After/Now

Take Action’は、
他の採用支援会社が提供しない
「定着を見据えた採用支援」「活躍・定着支援」を提供する！

採用コストの適正配分	活躍人材の定着	事業成長の促進

お客様に価値あるサービスを提供できる自信

す。

理念採用をした後も重要なのは、継続的な理念浸透と理想と現実のギャップを埋める仕組みです。当社が必ずお客様にお伝えする「――私たちの想い――フィロソフィー」（図５）にも記載している通り、せっかく会社の理念に共感した人材でもこうした仕組みがなければ理念への共感が薄まり、結果的には離職につながってしまう恐れもあります。そんなギャップを埋める仕組みとして大きな役割を担うのが未来の人材を採用する活動で、既存社員に理念を再度浸透させる重要な機会となります。その理由は大きく２つあります。

１．自分の入社時や新人時代を思い出す良いきっかけとなる

採用活動を通して学生や求職者と触れ合い、「志望動機」「入社理由」「目標」「この会社で叶えたい夢」など、とても前向きでポジティブな意見と出会うこととなります。日々業務に忙殺されていたり、やりがいや楽しさを忘れたりしていた社員も、未来の仲間を集める採用活動に定期的に臨むことで初心に返り、新鮮な気持ちを取り戻すことが

可能です。

2. 経営者や幹部のビジョンをあらためて共有する

経営方針発表会や定期的な会議などで経営者が理念やビジョン、今後の方向性などを定期的に話している会社は良いのですが、社長もまた日々の業務や課題に追われ、社員にビジョンや想いを語ることが減っている会社も少なくありません。採用の説明会や面接は、いわば求職者を口説く、ファン化する活動ですから、自社の最大の魅力であるビジネスモデルや人材についても話し、経営者は理念やビジョンを全力で話すことが重要でしょう。これを未来の求職者だけに聞いてもらうのはとてももったいないです。学生や求職者に訴求しながらも、せっかくですから既存社員に再度理念を伝える場として定期的に活用することがとても効果的です。

理念浸透について、一つの事例を紹介します。賃貸物件の管理運営を手がける東京の株式会社グランドコンフォート（２００９年設立）は、ライバル企業が新卒採用を行ったのを機に、新卒採用に踏み切りました。ビジョンとして、物件管理のプロフェッショナルを標榜し、既存社員、新社員、幹部共に理念を共有する必要性が高まってきました。そこで、導入していた社内ＳＮＳの THANKS GIFT（行動指針をコインに落とし込み、感謝の気持ちと共に贈り合うアプリ）を、それまでは感謝を贈り合うことについてのみ利用していましたが、理念浸透のツールとして活用を広げていきました。新卒社員がコインの贈呈の上位を占め、それに刺激を受けた既存社員も促され、会社全体として理念共有が進められていきました。

新卒採用で会社の成長スピードは劇的に加速する

当社も実は従業員３人の時点で新卒採用し、第１期生を迎えました。それは私自身の、新卒採用で理念浸透した人材が増えていくと会社として爆発的な力が発揮できる、という前職時代の体験に基づいています。

私は25〜29歳の間は会社の代表ではありながら１人のコンサルタントとして仕事をしてきました。そうしたコンサルティングの現場でも、中途採用で人材を補充していた企業が、採用活動の軸を新卒採用に移したことで爆発的に成長が加速した事例に多数立ち会ってきました。

名古屋に本社を構える建設業界に特化した人材派遣会社の株式会社コプロ・エンジニアードは、創業13年で売上100億円を超え、全国16支店を展開するに至り、2019年3月、東証マザーズおよび名証セントレックスに上場を果たしました。創業4年目にして売上約8億円と、凄まじいスピードで成長していましたが、私も支援した中途採用ではとにかく人材が定着せず、数十人単位で辞めていきました。

採用コンサルタントとしては、継続して中途採用に費用が投下されることから、言ってしまえばおいしいお客様だったわけですが、清川甲介社長が掲げるビジョンや壮大な目標を叶えるためには理念に共感した「コプロマインド」を持った人材の採用が不可欠であると、新卒採用を提案しました。

当初、清川社長と経営幹部は、「うちは新卒を受け入れられるような会社じゃないし、来てくれるかどうか心配だよ。中途の社員が入っては辞め、入っては辞める。こんな会社にどうやって新卒を入れるの？」と悩まれていました。しかし、新卒採用を決断。これを契機に社内規定やインフラ関係が整備され始めました。その結果、成長スピードは格段に上がったのです。ほぼ計画通りに営業社員が9人採用され、将来の幹部候補となりました。

清川社長は「新卒を採用したことで、企業理念が大事なんだということを、何よりも私自身が気づかされました」と繰り返し発言しています。同社は外部の私から見ても確実に企業の成長ギアが2つも3つも上がり、トップギアに入ったと感じられます。そのきっかけとなったのが新卒採用だといってよいのではないでしょうか。以降、同社では毎年継続的に新卒採用が実施され、新卒1期生の中の4人が支店長以上、2人が支店長をまとめる統括部長になりました。25、26歳で支店長になり、16支店中11支店がプロパーの新卒社員です。新卒採用に取り組むことで成長スピードを加速させた事例がここにあります（コプロ・エンジニアードについては、第6章でも詳述します）。

新卒採用が既存社員のやる気と向上心を高める

もう一例、理念採用によって企業変革を進めた会社を紹介します。業界平均定着率5%。そんな悪い業界体質を変えたいという想いが社長にはありました。

その会社は東京・新橋にオフィスを構える保険代理業のＩＵ（あいう）株式会社です。まず、保険業界についてお話ししますと、他業界の会社組織と大きく異なり、営業担当者が個人で成果を上げていき、会社に出勤するのは週１、２回程度。会社に所属しながらフルコミッション（完全歩合制）で個人事業主として成果をつかみ取り、だめなら使い捨てという状態が業界全体として長く続いてきました。

保険は契約してその方が亡くなるまでお付き合いをするのが前提の商品です。ところが従来、営業担当者は契約を取った後、しっかりとしたフォローもなく退社していくことも日常茶飯事でした。それを変えていきたいという想いからＩＵの山崎晋吾社長は、保険業界でも定着して長く勤め上げる人間を作っていかなければと新卒採用に踏み切りました。

業界として新卒採用をする企業はごく一部で、ほとんどが経験者のヘッド・ハンティングですから、「新卒を採ります」と社内発表したときはハレーションしかなく厳しい反応でした。でも、それは想定内のことと山崎社長は振り返ります。今までまっさらの新人を育てる風土はありませんでしたから。それでも新卒に接することで良い影響を受けてくれそうな社員から巻き込んでいきました。

すると目論見《もくろみ》通り、学生たちに接した社員は変化を見せました。フレッシュさ、純粋さ、熱意。みんながそれを経験してきて思い出すのでしょう。当初は反対していた社員も、「来年、新卒が入るんだから、会社のここはこうしなくちゃいけないんじゃないですか」と発信してくれるようになりました。また、口に出すまでには至らなくても、新卒の入社に備える意識が芽生え、各自の行動に表れ始めました。

さらに新卒採用を機に社内制度の整備が進められたことは好循環を生み出しました。住宅手当などの手当、福利厚生などについて学生から質問が出て、「あ、そういえばないな」と見直しをする環境ができました。このようにして制度が次々と構築されていくことは、もちろん既存社員にもプラスになったのです。

既存社員への理念共有が会社を次のステージへ

保険、金融を志望する学生に、大手ではなくIUを選んでもらうには、基本的には商品や価格に差がない業界なので、「理念のアピールが全て」と気づかされたとのことでした。そして「人が働くということの要素を見つめ直し、いろいろな人と話しながら理念としてまとめていきました。創業した背景もそうですし、お客様に対してこうしなければいけないということでも、どこから入っていってもそこ（理念）にたどり着くということに気がつきました」。こうしたことが、社長自身の中で、クリアになっていったのです。

しかし、社員と創業時の想いや理念に込めた想いなどをなかなかシェアはできませんでした。

「気恥ずかしいというか、サボっていたと思います。そこで〈私が経営する理由〉というものをパワポで作り、マネージャーに見せました」（山崎社長）

すると、「もっと早くこういうのを知りたかった」と言われてしまいました。

それでも社長の想いを社員全員にぶつけるには、まだまだ気恥ずかしさが抜け切らず、学生に向けて説明会でプレゼンしました（一部の社員が同席）。採用後のアンケートで「理念が素晴らしくて入社を決意しました」と書かれているのを読んだ山崎社長は、自分が発信しないで誰がするのかと意を強めたとのことでした。新卒採用を通して、何よりも山崎社長自身が変わり、会社は新しいステージへと突き進んだのです（ＩＵについては第６章でも詳述します）。

第3章 定着に大きな役割を担う「従業員エンゲージメント」

従業員エンゲージメントとは

社員の定着において大きな役割を担うものに「従業員エンゲージメント」があります。

いろいろな経営者の方とお話ししていると、

「エンゲージメントって何となく分かる気がするけど、よくは分かっていない」

「モチベーションみたいなもんだよね？」

「社員を大事にするってことなんだよね？」

けっこうこんなことを言われます。

この章からは定着・活躍を実現するキーワードともいえる「従業員エンゲージメン

ト」について語っていきます。そこで、認識のズレを引き起こさないために、その定義の確認から始めましょう。

「従業員エンゲージメント」とは、**「会社の成長」と「個人の成長」が連動していることを**意味します。

そもそもエンゲージは「従事する／させる」「没頭する／させる」「引き入れる」などの意味で、エンゲージメントは「婚約」、そして「連動」「連結」「(歯車などの) かみ合わせ」などを指します。２つのものが密接に関わり合うこと、それによって生み出されるものと捉えることができます。

ビジネスにおいては、企業の目指すべきビジョンや方向性について従業員もそれを理解し、自身の成長へと紐づけて、互いに貢献し合う関係を指します。また企業と従業員の間の親密感や信頼関係を指した言葉です。

１４０か国以上に社員を擁する世界有数のコンサルティング会社、ウイリス・タワーズワトソンによると、従業員エンゲージメントとは「従業員の一人ひとりが企業の掲げる戦略・目標を適切に理解し、自発的に自分の力を発揮する貢献意欲」としています。

従業員の自発的な行動や貢献意欲を様々な視点や要素から測定することで、会社としても個人としても成果を高め合っていく、次世代の最良のやり方といえるのではないでしょうか。従業員エンゲージメントを向上させることは、組織において優秀な人材を集め、離職を防ぐ方法としても、とても有効であると私は考えています。

つまり、エンゲージメントは組織と個人が密接に関わり合っており、どちらか片方という考え方ではなく双方の「関わり合い」「関係性」がとても大切だといえます。

さらに深掘りすると、それぞれ個人が組織の戦略やビジョンを理解し、自発的に組織に貢献する行動を取り続けるという関係性です。組織が戦略やビジョンを掲げるだけで、会社本位であるとか、個人が自分に有益なことだけを考えて組織の意向を汲まないといったことではエンゲージメントは成り立ちません。

最近ではモチベーションという言葉が組織論やマネジメント論では頻繁に使われるようになりましたが、エンゲージメントはまだまだ定着していないのではないでしょうか(もちろん感度の高い経営者の方や人事の方などは、かなり前から理解されていると思います)。エンゲージメントを語る上でしっかりと認識しないといけないのは、従業員満足度、モチベーションなどとは意味合いが異なるということです。もちろん重なり合う部分もありますが、本質的な違いもありますので整理しておきます。

従業員満足度との違い

従業員満足（Employee satisfaction）は一言でいえば、組織が従業員に与えているものを、従業員がどう捉えているかという従業員本位の考え方です。主に給与、福利厚生、労働環境などについて「従業員がどれだけ会社や働く職場環境に満足しているか」を定量化したものですね。

もちろん大切な指標であることは間違いなく、顧客満足（Customer satisfaction）と並べて論じられることも多くありますが、個々の従業員が会社から与えられて「満足している」状態と、「自発的かつ主体的に仕事に取り組む」状態は同義ではありません。従業員満足度が上がったとしても、企業の利益や個人の生産性が高まるわけではないのです。むしろ、従業員満足度を高めることだけに専念していると、従業員は会社から与えてもらう「待ち」の受動的な状態になりうるリスクを抱えてしまったり、従業員満足度を高めるための施策に費やすコストが増大し、業績を圧迫する要因になります。

一方、エンゲージメントは、仕事に対する姿勢や熱意など、個人の意欲が、組織やチームにどれだけ向かっているかを測定するものです。会社のビジョンに納得しているか、自己の成長につながっているか、責任ややりがいを感じられているかなど、組織やチームにおける関係性や状態を表します。よって、エンゲージメントは従業員満足度とは異なり、仕事上の成果に大きな影響をもたらし、会社としては、従業員満足度よりも企業を成長させる重要なカギになるといえます。

モチベーションとの違い

私も管理職時代、よく会社から部下のモチベーションを落とさないようにとか維持しなさいと指導されました。モチベーションが組織においてとても重要であると考えている方も多いと思います。あらためてモチベーションとは何かというと、ある取り組みに対しての意欲ややる気、「動機づけ」を意味する言葉です。

もう少し簡単な言葉で表現すると、「人が行動を取るために必要な原動力」といえます。モチベーションには2つのタイプがあり、自分自身の中から湧いてくる感情が行動へとつながる「動因（ドライブ）」と、外から与えられた報酬などによって行動が始まる「誘因（インセンティブ）」があります。

誘因を導くために成果報酬（インセンティブの一つ）によってモチベーションを引き出す試みが、営業系の会社を中心に日本企業でも導入されてきました。

モチベーションは仕事の成果に大きな影響を及ぼすとされていますが、果たして本当にそうでしょうか？　確かに、「売上目標を達成したら、何%分のインセンティブを与える」などとすれば、一時のやる気やエネルギーになるかもしれません。ただ、それは従業員エンゲージメントの定義である「従業員の一人ひとりが企業の掲げる戦略・目標を適切に理解し、自発的に自分の力を発揮する貢献意欲」という考え方に沿ったものでしょうか？

一時の成果や短期的数字という観点では、その一瞬は情熱を持ってエネルギーを発揮するかもしれませんが、モチベーションは個人の「動機づけ」であり、エンゲージメントのように個人と組織の「関係性」を表しているわけではありません。

この違いは重要です。モチベーションが高くても、個々人がバラバラな方向を向き、自分本位のエネルギーを発揮しても、会社の方向性を適切に理解し行動しなければ、組織としての生産性は高まりません。つまり、モチベーションは個人としてのやる気や主体的行動を促すことはできても、それが組織に成果をもたらすとは限らないのです。

組織で働く人材として大切なのは個人を優先したモチベーションではなく、従業員エンゲージメントであると、私は自信を持ってみなさんに話すことができます。

まとめると次のようになります。

・従業員満足度…給与、福利厚生、労働環境などへの満足＝組織から従業員に与えるもの

・モチベーション…個人としてのやる気や主体的行動を取るためのエネルギー

・従業員エンゲージメント…組織の目指すべき方向性と個人の目指すべき方向性が連動していること

若手人材の採用定着にこそ、エンゲージメントが重要

私は新卒で採用支援会社に入社し、たくさんの会社の新卒採用を支援してきました。私が始めたTake Action’も、人材の定着やエンゲージメントアップに特化したプロダクト（THANKS GIFTやBEST TEAM）ができる前は、採用支援のコンサルティングや採用に関わる事業がメインでした。10年以上採用現場に関わってきた中で年々感じるようになってきたのは、社内エンゲージメントの重要性です。

なぜ採用に社内エンゲージメントが大切か。社内エンゲージメントを高めるということは、組織が一つの方向を目指すことと同義といえます。社内エンゲージメントが高い状態で働く従業員というのは、会社の目指すべき方向性と個人の目指すべき方向性が連動している状態といえます。

ではなぜ採用現場において、従業員エンゲージメントアップとそれによる社内エンゲージメントアップが重要なのか、お話ししたいと思います。

①価値観重視によってマッチング度の高い採用ができる

既存の従業員にエンゲージメントが高い人材が多く集まることで、エンゲージメントが高い人の共通点やその会社独自の求める人物像が明確になります。エンゲージメントが高い従業員の要素などを人事や幹部で今一度再定義をすることをお勧めします（p26記載の「採用のペルソナ化」をご参照ください）。

組織へのエンゲージメントが高く今後も一緒に働いていきたい理想的従業員のペルソナと、エンゲージメントが低く、共に働きたくない人材のより具体的なペルソナも明確化し、採用活動を始める前の下準備をしましょう。その上で求める人材を採用するための選考活動を設計して採用活動を行うことで、スキルだけでなく、自社の期待することを理解し行動してくれるか、長く活躍人材として働いてくれるか、早期離職を防げるかなど企業にマッチするかという観点で人材を選定、採用することができます。

②採用活動への社員の協力が得られる

私がよく採用現場で経営者や人事の方にお話をするのは、前章でも書きましたように、採用は究極の営業活動だということです。優秀な人材でなければ優秀な人材は口説けません。そして、理念やビジョンなど想いを、熱量を持って話すには経営者がいちばんですが、社長が採用に直接関わることが難しい会社は、どれだけエンゲージメントの高い人材が採用活動全体に関われるかが重要です。人事部だけではありません。採用の説明会でプレゼンする新入社員、説明会で学生を迎える受付スタッフ、面接で来社した際に目に映る働く社員、面接で直接的に関わる面接担当者など、採用に関わる全ての人材が、求職者にとっては企業選びの判断材料の一つであり、採用活動が成功するか失敗するかの大きな分かれ目となります。

もちろんエンゲージメントが高い従業員は、会社の様々な活動への貢献意欲が高く、採用活動にも協力的です。採用が年々売り手市場となり、中小企業だけではなく、大手企業でも人数の確保や採用の質といった観点で理想とする採用活動を成功させることはとても難しくなってきていますので、関わる人材のエンゲージメントが採用成功のより大きなカギとなることは間違いありません。

③人材の定着に効果的

ここまで語ってきたように、エンゲージメントが高い社員は、会社の目指すべき方向性に対してしっかりと自分の役割を認識し、仕事への責任感や会社への愛着が強いため、離職率が低く、定着していく傾向にあります。そのため、自社に対するエンゲージメントが高くなりそうな人材を採用する、採用時からのエンゲージメントフィットが重要です。

エンゲージメントフィットを高めていくには、会社の目指すべき方向性と個人の目指すべき方向性が連動しているかどうかの確認作業が大切です。エンゲージメントフィットした人材を採用できれば、早期離職などのリスクを抑えられるのです。

④リファラル採用を活発化できる

社内外の信頼できる人脈を介した紹介・推薦による採用活動の一つに「リファラル採用」があります。人と人とのつながりを活用することで、採用候補者の質や信頼性を確保し、採用のマッチング精度を高めるのがそのねらいです。価値観や考え方がフィットしやすいというメリットもあります。当社でも毎年一定数のリファラル採用が行われ、中途採用だけではなく、新卒採用の説明会にも既存社員の紹介で参加してくれたメンバーが増えています。組織のエンゲージメントアップを意識して会社全体で取り組んだ一つの成果ともいえます。

エンゲージメントとリファラル採用

リファラル採用は、自社の従業員の紹介を通して、また会社見学やランチ会など少しライトなきっかけを通じて企業と求職者が接触し、採用につなげる手法です。紹介採用、縁故採用というと、紹介者（既存従業員）に対して紹介の報酬を支払う昔ながらの手法を思い浮かべるかもしれません。リファラル採用の概念は、紹介者は金銭が目的ではなく、本当に「この会社で共に頑張りたい！　共通のビジョンを描き、実践する仲間として働きたい！」という同志を集めていく考え方といえます。社内エンゲージメントが高いことで、それが可能となります。

反対に、社内エンゲージメントが低いと、どんなにインセンティブや御礼金などを用意しても、社員からの紹介もなく、常にお金をかけた採用活動しかできません。活躍している人材からのリファラル採用こそ、企業を成長させる上でとても重要な方法だといえます。

当社では入社した際のインセンティブだけでなく、求職者との食事会などに金銭補助を行っています。まだまだ年間数名ほどのリファラル採用ですが、これからさらに強化すべきだと思っています。

滋賀県に本社を構える株式会社大地は、採用コスト0円ということで有名な企業です。アルバイトがアルバイトを呼び、アルバイトの紹介だけで新しいアルバイトが採用できていて、さらに正社員も全てアルバイトからの登用です。だから採用コストは0円。これこそ究極のリファラル採用です。既存アルバイト、既存社員のロイヤリティやエンゲージメントアップを会社の大切な経営課題として掲げ、それがリファラル採用に結び付いている理想的企業です。

最近では企業規模あるいは業界にかかわらず、リファラル採用に取り組んでいる企業が増えています。採用コストが年々上昇する中、新卒採用、中途採用問わず、理念に共感した優秀な人材を見つけ出す力を強化すると共に、リファラル採用を自社のノウハウ化することもとても重要です。

《リファラル採用のメリット》

1．入社前・後のギャップやミスマッチが少ない

求人媒体や紹介会社を経由した際の最も大きなリスクは、入社前と入社後のギャップです。

一方、リファラル採用は、現在働いている従業員の好意的紹介のため、社風やビジョンはもちろん、実際の仕事内容などにも入社前に具体的なイメージを持てているので、入社後のギャップも小さく、ミスマッチも少ないといえます。

また、すでに人間関係を築いている従業員が会社の中にいるため、入社後に相談できる相手がいることも、リファラル採用の大きなメリットといえます。

2．優秀な人材を採用できる

少し主観が入るかもしれませんが、優秀な人材というのはなかなか採用市場には出てこないものです。理屈としては当たり前で、優秀な人材＝成果を上げている人材＝今の

会社から評価を得ている人材である場合が多いため、なかなか転職市場に出てこないのです。

その点、リファラル採用は、「今の会社にももちろん満足しているが、この友人がお薦めする会社なら」「転職は考えてはいなかったが、そこまで紳士的に誘ってくれるなら」という優秀な人材に出会うことが可能です。もちろんそのような人材がすぐに面接を受け、すぐに入社を決めてくれて転職するというスピーディーさはないかもしれませんが、自社にマッチングするであろう他薦付きの優秀な人材に継続的にアプローチすることが可能となります。

3．採用コストの削減

採用コストが抑えられるからリファラル採用が良いということではなく、あくまでもそれは副産物として捉えていますが、就職サイトに広告を出す費用や採用イベントに出展する費用、人材紹介会社へ支払う費用、ヘッド・ハンティングをする費用よりも、はるかに安く採用することが可能なのがリファラル採用です。紹介してくれた従業員には報酬を支払うべきで、15万〜60万円程度としている会社が一般的です。

《リファラル採用の注意点》

1．仕事と友人関係を切り離す

とても仲の良い友人を紹介する場合は、仕事と友人関係の割り切りやすみ分けがしっかりできるか、注意が必要です。

2．不合格の場合のフォローアップ

せっかく紹介してくれた人材が不採用となってしまった場合、二人の関係が気まずくなることがありますので、フォローが必要です。当社ではリファラル採用が年間数名と言いましたが、面接をした数はその3倍近くあります。既存社員からのリファラルはとてもうれしくありがたいものの、リファラルだからといって、採用基準を下げたり、採用フローなどを曖昧にすると、リファラル採用の本質が崩れていくので、その点は注意が必要です。

3．採用までの時間がかかる

在職中の人材をリファラル採用する場合、現段階ではまだ転職する気はそこまでないという人材でも積極的に接触する機会を設けることをお勧めします。ただ在職中の人材はとくに入社までに時間がかかります。その場合は緊急の採用活動としてではなく、中長期的な採用手法としてリファラル採用を考えることが必要です。

《リファラル採用の上手な進め方――制度を作り、告知する》

リファラル採用は、「いい人材がいたら紹介してください」と会社が社員になんとなく呼びかけて行われることが多いのが現状です。リファラル採用を実施する場合、社内で明確に発信し、制度やルールをしっかりと認識してもらうことが重要です。具体的には以下の内容をしっかり固め、社内で告知しましょう。

・紹介方法：紹介したい人（採用の候補となる人）がいたら、社内の誰にどんな方法で伝えるのか

・募集職種：どの部署のどのような人材が欲しいのか
・採用フロー：紹介された人はどんな採用フローを踏んでいくのか
・求める人物像：どんな人材を求めているのか
・採用ペルソナの共有：採用に関わるメンバーだけではなく、どんな人材を必要としているか全社でペルソナを共有することが重要
・インセンティブ：紹介した従業員、場合によってはリファラル採用で入社した人材に支払う報酬
・支払いのタイミング：報酬をどのタイミングで支払うか

強制的なルールにしてリファラル採用を活発化させようとしている会社もありますが、基本はエンゲージメントの高い従業員が会社の発展を願い、自身の人脈を介して「紹介」してくれるのがリファラル採用の本質です。どうしたら従業員が人材を紹介したいと思うのか、人事や経営幹部を中心に制度の設計を考えてみるのも良いでしょう。

若手人材のエンゲージメントを高めるポイント

若手人材のエンゲージメントを高めるための具体的なポイントをお伝えしていきます。

私もそれなりの期間マネジメントをしてきて、本当に若手人材のマネジメントには苦労してきました。中でも最も苦労したことは、マネジメントする人材を育成し、真のマネジメントリーダーを創出することです。ただ若手人材のエンゲージメントを高めるポイントを理解したことで、リーダー育成やマネージャー育成も少しずつかたちになってきました。その手法を一部紹介いたします。

①一人ひとりにミッションを与える

責任と権限こそが、若手人材の気持ちを上向きにするうえでとても重要な要素です。会社での仕事が「やらされ仕事」になっては、エンゲージメントを高める以前に成果も上がりません。会社の目指すミッションに対して、それぞれの仕事の役割と果たすべきミッションを伝え、「会社の目指す方向に対して、自分がやるべき役割とミッションはこれである！」と自覚することで、若手人材のエンゲージメントが高まるきっかけとなります。

②社内コミュニケーションを活性化する

会社の同志は友達ではありませんので、プライベートでは出会わない人材と一緒に仕事をしたり、共に成果をつかむために協力をしていくことが必要です。また働くそれぞれのメンバーが少なからず異なる思考や価値観を持っていることも当たり前です。

ただその中で働くメンバー同士が価値観や思考の違いを理解し合い、一緒に目標を果たすため役割を全うする必要があります。そのためには会社側が意図的にコミュニケーションの活性化を促すための環境や場を作ることが必要です。それぞれの会社でコミュニケーション活性化の形があると思いますが、例えばシャッフルランチといった名目でコミュニケーションをとったり、社長と少人数のメンバーで定期的に話し合う場を設けたりする方法があります。なお、私たちTake Action'では、コミュニケーションのためのランチなどへの補助としてFor TEAMという手当を設けています。

また委員会制度を設けて、自分も会社の運営に携っている意識を持ってもらう仕組みも導入しています（図6）。

③フィードバックし、成長につなげる

良い点、改善すべき点を踏まえて、しっかりとしたフィードバックをすることが、部下のエンゲージメントアップにはとても重要です。あるいは、フィードバック＝上司が指摘する、というイメージがあるかもしれません。しかし、上司が期待することと現実とにギャップがあれば、それを伝え、共有することが大切です。数字的な成果を評価するのはもちろんですが、会社のルールに対する姿勢、会社が求めることに期待通りに行動できたかなども含めてフィードバックすることが、従業員エンゲージメントを高める上で大切です。上司と部下との関係性は成果を上げるためだけでなく、人材が定着するかどうかにおいても重要です。

フィードバックの仕方やコミュニケーションの内容、称賛する内容によってチームに

図6 若手人材のエンゲージメントを高める

©Take Action'

対しての貢献意欲が大きく変わるため、重要視すべきです。

フィードバックは内容次第で好転もすればマイナスにも働きます。この点については第8章で掘り下げてお話しします。

④目標設定、上司の期待していることを共有する

例えば登山をする場合には、頂上を目指すという目標があり、また富士山に登るのか高尾山か、エベレストを目指すのか、その目標の難易度や実現までの期間を逆算して毎日を過ごすものです。

目標がない、上司の期待していることが分からない、というのは部下の成長を鈍化させることでもあり、この組織の中で自分の存在価値を感じられない、イコール、エンゲージメントが下がっていくことにつながります。エンゲージメントアップはなにも従業員に甘くしたり、楽しくワクワクさせることだけを指すのではありません。しっかりと成長を促進させる個人の目標、チームの目標を設定し、その目標に対しての責任や役割を部下や社員に認識させ、組織と個人の目標が連動していることが真にエンゲージメン

トの高い組織といえます。

エンゲージメントが高まれば離職が減る理由

当社では離職率が下がることを必ずしも良しとはしていません。このことは既述（第1章）しましたが、エンゲージメントとの関連であらためて述べます。

企業が成長するにあたって、多少の離職は伴います。成長のスピードによっても大きく違いますし、業界業種によっても異なりますが、全体の10〜15％が離職することはむしろ健全だと思っています。当社の定着の定義は「活躍人材の離職を防ぐこと」です。離職率が低い＝良い会社、エンゲージメントが高い会社とはいえません。しかし、優秀な人材が離職してしまうことは会社として大きなリスクであり、一人前になろうと本人も頑張り、会社も熱心に育ててきた人材が早期離職することは大きな損害ですから、そういったことを事前に防止しなくてはなりません。

それを踏まえた上で離職率とエンゲージメントとの関係を捉えていただきたいのですが、アメリカの経営・人事コンサルティング会社ＣＥＢが、次のような調査データを発表しています。27か国、10業種の59社、5万人を対象とした調査で、エンゲージメントの高い従業員が1年以内に離職する可能性は1・2%、エンゲージメントの低い従業員は9・2%と、大きな差が見られます（図7）。これは、エンゲージメントの低い従業員に何らかの働きかけを行って、エンゲージメントを向上させることができれば、離職を87%減らせるということを意味します。

図7 エンゲージメントと離職率の関係
上位25%と下位25%のチームの中央値の差

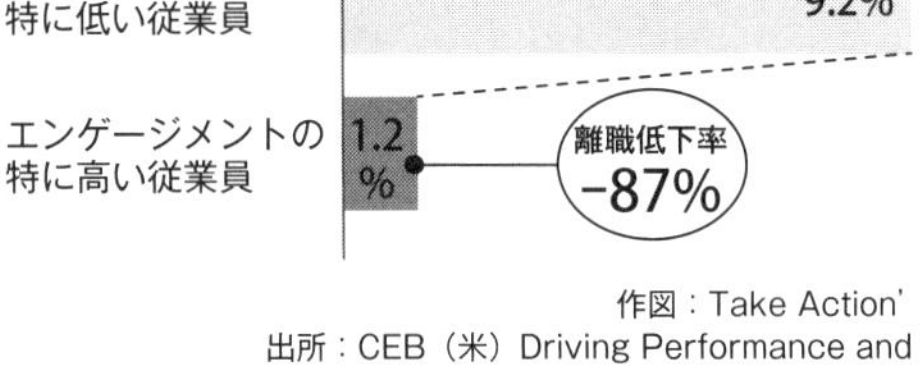

作図：Take Action'
出所：CEB（米）Driving Performance and Retention Through Employee Engagement 2004 Corporate Executive Board

人間関係やコミュニケーションが重要といわれる根拠
【ブルーム、ポーター&ローラーの期待理論】

人はどのような動機で頑張ろうとするのか。ある理論を参考にお話ししていきたいと思います。それは、心理学を背景に数多くの大企業の経営コンサルタントを務めたブルームが著書『仕事とモティベーション』で1964年に提唱し、さらにポーターとローラーが発展させ、1968年に生み出された「期待理論」です（図8）。

動機（モチベーション）について、どのような報酬が得られるかという「報酬の魅力」と、どれくらいの可能性で報酬を得ることができるかという「実現の可能性」の積で表されると説明しています。自分の努力が結果に結び付き、報酬が得られ、それが自分にとって価値があれば動機づけられる、というものです。そのため、努力しても達成の可能性がない場合、また業績を上げても報酬などに魅力を感じなかったり獲得できなかったりした場合には、モチベーションは生まれてこないか、あっても弱いものとなる、としています。

【「成功の循環」モデル】

マサチューセッツ工科大学ダニエル・キム教授

図8 ブルームの期待理論

モチベーション（≒良い行動アップ） ＝ 【報酬の魅力】（主観的価値） × 【実現の可能性】（目標の難易度）

【報酬の魅力】
- ●金銭的報酬
- ●非金銭的報酬
  - ・貢献
  - ・成長
  - ・達成（自由、挑戦）
  - ・承認（重要感）
  - ・帰属（愛、つながり）
  - ・安全（安定、安心）

【実現の可能性】
- ●高いモチベーション
  - ・本人の努力次第で達成が可能
- ●低いモチベーション
  - ・達成が難し過ぎる
  - ・達成が易し過ぎる

は、組織が成功を続けるための①「関係の質」→②「思考の質」→③「行動の質」→④「結果の質」→①「関係の質」という「成功の循環」モデルを提唱しています（図9）。

組織がうまくいっているときは、①「関係の質」が高まる→②「思考の質」が高まる→③「行動の質」が高まる→④「結果の質」が高まる、という好循環が生まれます。そして、この④「結果の質」が良くなると、さらに①「関係の質」が良くなっていく、というものです。

例えば、以下に示したようなかたちで、成功の循環が形成されていきます。

①関係の質

組織内の人たちの関係が良く、お互いに認め合っている

→

②思考の質

対話やディスカッションを通して良いアイデアや、助け合う思考が生ま

→

図9 組織の「成功の循環」モデル

マサチューセッツ工科大学のダニエル・キム教授が提唱したモデル。
組織が成果を上げ続け、成功に向かう過程や仕組みを明らかにしたものです。

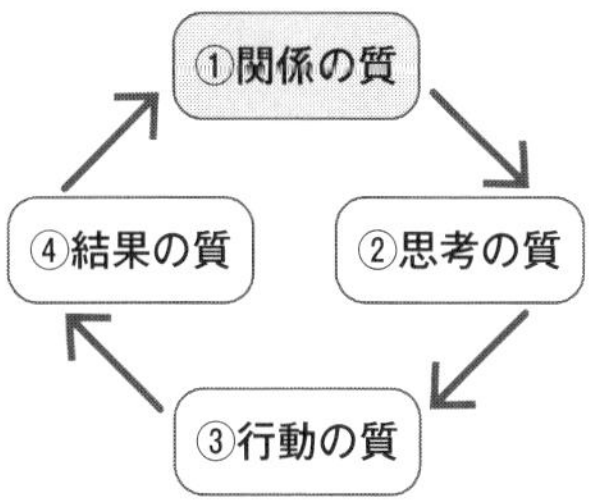

れる

③行動の質

←結果として、新たな挑戦やお互いに助け合うという行動が生まれる

④結果の質

←良い行動が生まれることで、売上や業績が向上していく

①関係の質

結果が出ることで、さらに組織内の人間関係が良くなっていく

もちろん経営層やマネジメント層が最終的に望むのは、成果・業績などの「結果の質」です。ただ、それを得るまでには必要な循環があります。やはり良い結果を生み出すためには、良いチーム、良いメンバーが主体的に行動する必要があります。従業員が主体性のある行動をしていくためには、思考も主体的でなければならない。そして、思考が主体的であるには、意見をオープンに交換できたり、互いに情報を共有できたりする、人的な「関係の質」が非常に重要になってくるということです。

店舗内、社内コミュニケーションの重要性

店舗内コミュニケーション、社内コミュニケーションとは、もちろん私語や無駄話をすることではありません。あくまでも成果をつかむチームづくりのためのコミュニケーションの一つです。店舗内、社内コミュニケーションは生産性や従業員エンゲージメントに大きな影響をもたらします。

店舗内、社内コミュニケーションが活性化すると、相手への要望や伝えたい内容がしっかりと伝達され、より質の高い仕事が生まれます。

反対に質の高いコミュニケーションが少ない場合には、上司・部下の関係や仕事を依頼する側・される側において双方の認識のズレが大きくなり、それによってミスが多くなったり、業務効率化や生産性が下がったりしてしまいます。

つまり、店舗内、社内コミュニケーションの量や質を十分に確保することができれば、会社と従業員の間、あるいは従業員同士の信頼関係の構築ができ、エンゲージメントを高めることが可能です。そのような信頼関係がしっかりとできている組織において、従

業員は会社の理念やビジョンに共感し、そして自分の役割や職責を認識して、与えられたミッションを果たそうという意識が芽生えてきます。

その結果として目標は達成され、成果も最大化されるので、会社への貢献へとつながっていきます。信頼関係の構築のためには、職場におけるコミュニケーションが重要であることはいうまでもありません。店舗内、社内コミュニケーションがうまくいかないとしたら、それはなぜか。その理由を4つにまとめました。あなたの会社はどうでしょうか。

1．会社の理念やビジョンが伝わっていない

会社の理念やビジョンがあるというだけで満足している経営層も少なくありません。理念は飾るものではなく、語り続けるものです。従業員に向けて常日頃からメッセージを発信しなくてはなりません。

もし従業員が、経営層が常に発信している会社の理念やビジョンに共感していれば、たとえコミュニケーション量が少なくても、その中から自分で役割や求められているこ

とを理解して業務を進め、質の高い仕事をしていくでしょう。経営層が現場の従業員に経営理念やビジョンをしっかり伝えているのか否かが重要です。ここがしっかりしていないと、入社時には理念に共感していた人材も理想と現実のギャップにより、どんどん気持ちが会社から乖離《かいり》していきます。

2．会社の社会的意義が現場レベルまで伝わっていない

これも１と同じで、経営層の中では当たり前と感じている会社の社会的意義も、現場で戦っている従業員にとっては実感する場面はそう多くありません。ですので、理念同様、経営層は自分たちの会社の社会的意義について語り続け、日々働く従業員に向けてメッセージを発信しなくてはなりません。

そして中間管理職と呼ばれる、会社でいえば課長や部長、店舗では店長やスーパーバイザーのようなチームを牽引《けんいん》するマネジメントを担う人は、自分たちの社会的意義と日々の仕事を紐づけてメンバーに話していく必要があります。

3．働く仲間のことを知らない

生まれも育ってきた環境も違う人たちが同じ組織で働くわけですから、それぞれの価値観や考え方や志向性は違います。共に働く仲間のことをよく知らないと、コミュニケーションをとる際のハードルは高くなり、意思伝達や相互理解の認識がズレることがあります。

同じ事業部のメンバーはこんな人で、同じ店舗内で働くこの人はこんな人でこんな仕事を任せられているなど、よく知っている関係の方が良質なコミュニケーションをとりやすくなるのは明らかです。

また、年齢や世代が違うから価値観も違って仕方がない、で終わらせるのではなく、少しでも理解しようという意思があれば、仕事をスムーズに進める関係性が構築できると思います。

4．承認する文化や社風がない

承認する文化がないというのも、コミュニケーションがうまくとれていないチームの特徴の一つです。人は誰しも自分がやってきたこと、やり遂げた成果を認めてほしいものです。もちろん褒めたり承認したりするレベルにまで至っていないのに無理をして承認するというのは甘えを引き起こすので良くないとは思いますが、成果をしっかりと承認することはコミュニケーションを円滑にする特効薬となると思います。

料理人の世界などでは、聞かずに見て覚えろ、仕事は盗め、といった昔ながらの価値観もありますが、良質な社内コミュニケーションを築いていくため、そして最高のチームづくりをするためには、成果を上げた人間をしっかりと称賛し、認めてあげる文化を醸成すること。それが第一歩だと感じています。

ここで、社内SNSを導入し、社内コミュニケーションで思わぬ収穫を得た事例を紹介します。運送会社の株式会社バンテック（本社：神奈川県川崎市）は、ドライバーの定着と新たな物流ネットワークの拡大を目指して、2018年、THANKS GIFTを導入し、500人のドライバーが利用することになりました。

年齢層も高い多くのドライバーにとって、スマホは縁遠いものですが、配車係と「積み込み終わりました」「おつかれさま」などの連絡を取り合うことからコミュニケーションが始まりました。やがて、ドライバー同士でも使うようになり、「久しぶり」などと連絡し合うようになりました。九州エリア、豊田エリア、関東エリア、京都エリアなど全国に拠点があるのですが、事業エリアごとに区切られていて、ふだんはエリアを超えたつながりはなかなかなかったのです。

そうこうするうちに部署、職位、階層を超えたつながりが生まれていきます。社長も社内SNSに参加しています。従来はなかった、社長と一従業員とのやりとりもありました。昔気質《むかしかたぎ》の運送業界では珍しいことであり、ドライバーはやりがいや認められているという感情を覚えるようになっていったのです。

また、「この人はコミュニケーション能力が高い」などと新たな面が見えてきたり、さらに、職位、階層とは関係なく影響力のある敬意を払われている人物がインフルエンサーとして浮き彫りになったりしたのです。社内SNSという新たなメディアが社内コミュニケーションに新たな風、思わぬ収穫をもたらしたのでした。

入店すると分かる従業員エンゲージメントの高いお店

当社の取引先には、飲食店・ホテル・美容室・理容室・エステなど店舗を構えて営業を行っている会社が数多くあります。中でも飲食店、居酒屋が多く、そのお店で働く人の従業員エンゲージメントが高いか低いかは入った瞬間の雰囲気やシズル感（感覚に訴えるもの。sizzle：肉を焼くジュージューいう音）でよく分かります。高級店やこれが食べたいという専門店に行く際は別ですが、居酒屋で流行っているお店、繁盛店には、料理が美味しい、立地が良い、安いなどいろいろな要素はありますが、高い従業員エンゲージメントで構成されている空気感が好きで通っている常連さんも多いのではないでしょうか。私が尊敬する経営者、赤塚元気さんの株式会社DREAM ONは、愛知と東京で飲食店を展開し、従業員エンゲージメントが高いお店の象徴といえます。どの店も超繁盛店で、素晴らしいチームづくりをしています。お店に行くと、いつも入った瞬間に、駆け足で愛嬌たっぷりに迎えにくる女性スタッフや、元気よく威勢よく「いらっしゃいませ！」と言ってくれる男性スタッフがいます。料理を提供するときのキッチンスタッフとフロアで働くスタッフは常に緊密なコミュニケーションをとりながら忙しくなってもお互いに目と目を合わせて会話をして、キッチンとフロアの関係性や空気感も抜群。そして何より楽しそうに働いています。

店舗運営する企業にとって従業員エンゲージメントはとても重要な指標です。私たちは「売上アップまでの3ステップ」を提唱しています（図10）。

従業員エンゲージメントが上がれば顧客満足につながる。顧客満足を提供し続けると、友人を連れてきたり会社の宴会で使ったり、常連客が増えることで売上が上がる。このように、従業員エンゲージメントを高めることは、組織の売上アップに強く影響します。

図10 売上アップまでの3ステップ

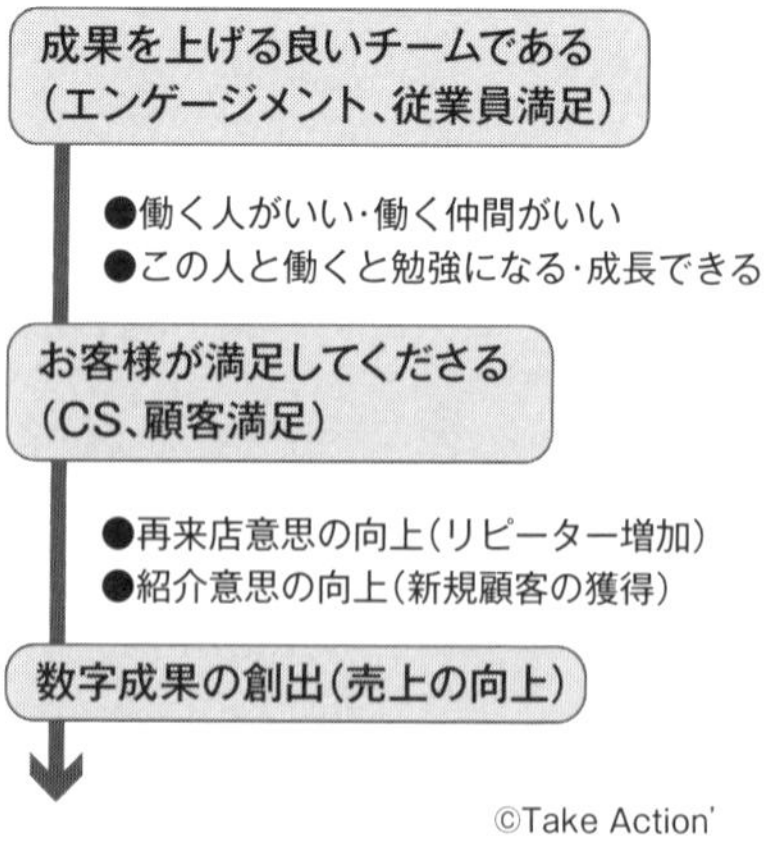
成果を上げる良いチームである
（エンゲージメント、従業員満足）
●働く人がいい・働く仲間がいい
●この人と働くと勉強になる・成長できる
お客様が満足してくださる
（CS、顧客満足）
●再来店意思の向上（リピーター増加）
●紹介意思の向上（新規顧客の獲得）
数字成果の創出（売上の向上）

©Take Action'

リーダーシップで離職率と顧客満足度が変わる!?

興味深いデータがあります。飲食店や店舗ビジネスにおいて、リーダーシップ（多くは店長）が売上の創出、顧客満足度、従業員の離職率を大きく左右することが明らかになりました。

組織コンサルティング会社のコーン・フェリー・ヘイグループと外食産業のワタミ株式会社が共同で行った、リーダーシップが組織文化や離職率・顧客満足度に及ぼす影響についての調査によるものです。コーン・フェリー・ヘイグループが提唱するリーダーシップには６つのスタイルがあります。調査ではワタミが経営する店舗（和民、ミライザカなど39店舗）で、店長がリーダーシップのスタイルをいくつ持っているか、それらと離職率、顧客満足度にどのような相関性があるかを探りました。

〈コーン・フェリー・ヘイグループが提唱する６つのリーダーシップスタイル〉

指示命令型：部下に対して「即座の服従」を求めるスタイル

ビジョン型：部下に「長期的な方向性、目指すべきビジョン」を示すスタイル

関係重視型：組織のメンバー同士の「調和」を求め、対立を回避しようとするスタイル

民主型：部下の「積極的参画」を求めるスタイル

率先型：自ら「規範」を示し、業務処理に対する高い要求水準を設定するスタイル

育成型：部下の「長期的、計画的育成」に取り組むスタイル

リーダーシップスタイルの数が多ければ組織風土が良く、離職率や顧客満足度にも良い結果が出るということがデータで示されました。

・店長が３つ以上のリーダーシップスタイルを備えている店舗の組織は良好

コーン・フェリー・ヘイグループのこれまでの調査で、リーダーシップスタイルと組織風土の間には非常に高い相関があり、今回の調査でも店長がリーダーシップスタイルを３つ以上備えている店舗はグローバル上位25％（全世界の調査における上位25％）に近いかそれ以上であることが分かりました。

・組織風土が良いデータが出た店舗の離職率は他店舗に比べ約50％低い

びっくりするデータも出ました。組織風土が良好な６店舗は、離職率が他店舗の約半分であることが分かりました。

・組織風土が良好な店舗は顧客満足度も10％以上高い

顧客満足度を計測するため、覆面調査（ミステリーショッパー＝ＭＳ）を実施したと

ころ、組織風土が良好な店舗は他店舗に比べ顧客満足度が10％以上も高いことが分かりました。

売上・利益を高める上で離職率や顧客満足度は大きな指標であり、店長のリーダーシップスタイルがたくさんあることが重要とあらためて裏づけられました。

第4章 従業員エンゲージメントを高めることで得られる効果

従業員エンゲージメントは企業の業績に連動する

「従業員エンゲージメントが大切なのは分かるけど、業績が良くなる根拠はあるの？」

経営者の方から、こう聞かれることがあります。

やはり社長が気にするのは、売上や業績や利益だったりします。当たり前です。実際に従業員エンゲージメントは組織の成果を高めるのに良い影響をもたらすことが科学的にも検証されています。

図11は、従業員エンゲージメントが企業の業績にどんなインパクトを与えるかをアメリカのコンサルティング会社ギャラップが調査した結果です。エンゲージメントが高い

上位25％の企業と下位25％の企業を比較したデータです。

エンゲージメントが高いチームは低いチームより、収益性が22％、生産性は21％、顧客満足度は10％も上回るという結果が出ています。一方で、離職率は大幅に低く、事故や品質の欠陥も少なく、欠勤も少ないという相関性が明らかになっています。

一方エンゲージメントが低い下位25％は、離職率が高く、品質の欠陥が多く、生産性、収益性も低いというデータが出ました。エンゲージメントは業績にとても大きなインパクトを与えるということが分かったのです。

図11 エンゲージメントと企業業績の関係

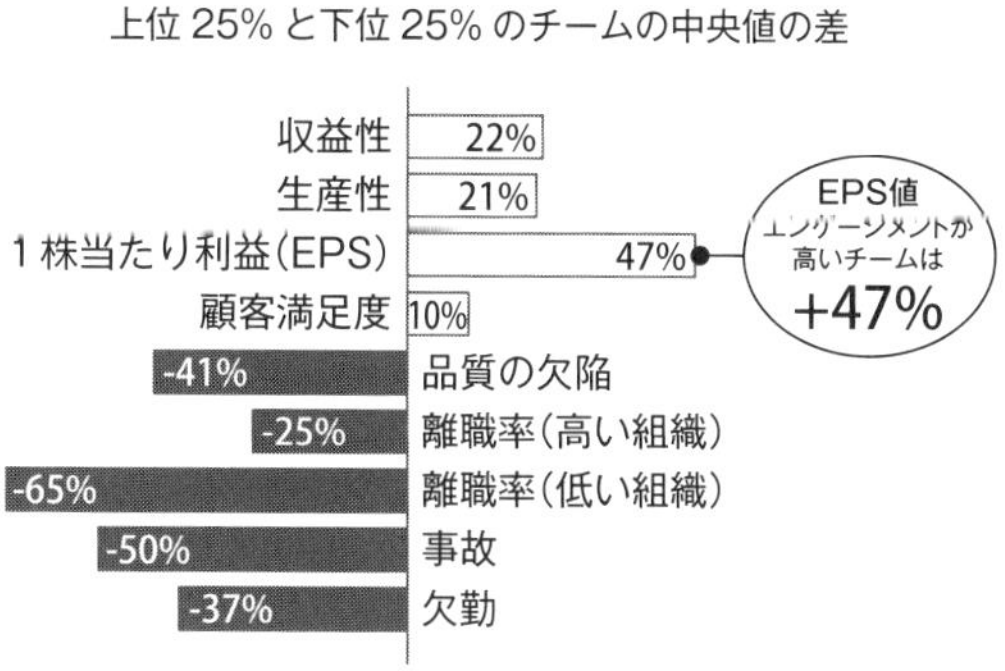

出所：ギャラップ

スポーツで、ビジネスで、勝利に導くもの

例えばスポーツのチームもビジネスと通じ合うものがあるのではないでしょうか。

北見・常呂《ところ》の女子カーリングチーム、ロコ・ソラーレ（LS北見）の平昌オリンピックでの活躍は連日報道されました。カーリングという独特な競技であることも手伝って、勝敗の行方もですが、それ以上に彼女たちのチームの結束力に多くの人は目をひかれたと思います。

また2018年の流行語大賞にもなった「そだねー」。それは、まさに組織におけるメンバーからメンバーへの「承認」「称賛」に他ならないのをお気づきだったでしょうか。そしてプレーにおいてもカーリングは技術力と共に戦術、すなわち展開される場面ごとでの戦い方の意思決定と、それに向かうチームワーク、すなわち合意形成が何よりも重要なコミュニケーション・スポーツだといえます。試合中の「そだねー」と休憩時の「もぐもぐタイム」は、それを具体化する機能を備えたコミュニケーション・ツールであるともいうべきものです。

ではエンゲージメントの観点ではどうでしょう。

ＬＳ北見の創設者で、平昌が３度目のオリンピックとなる本橋麻里さんは、自らは控えに回りました。司令塔となるスキップに呼んだのが地元の後輩、藤澤五月さんでした。藤澤さんは中部電力のカーリング部から移ったのです。藤澤さんはこのとき、より困難な道を選んだのかもしれませんが、それだけにチームに対する強い意志があったのだろうと想像できます。チームの方向性と個人の方向性が連動していることがエンゲージメントです。地元チームでオリンピックに出てメダルを取るというのが全体の目標だったと思います。それをこのメンバーで達成したいという個々人の目標が連動し、メダルが取れた一つの要因となったといえるでしょう。スポーツの世界でも戦力の足し算が全てではなく、目的が連動していることが勝因なんだろうと思います。

私自身が高校球児だったこともあり、２０１８年夏の甲子園で秋田県勢１０３年ぶりの決勝進出を果たした金足農業高校にはとても注目しました。

現在の高校野球事情は、在学した中学校が所在する都道府県を離れ、遠方の都道府県の高校に越境入学する例が増えています。大阪、神奈川などの激戦区から他の都道府県の高校へ入学する野球留学が多く見られます。夏の甲子園はとくに各都道府県の代表として出るので、地元を応援することも一つの甲子園の醍醐味だったりするのですが、甲子園に出場した高校の選手が地元以外の出身者ばかりだとか、東北なのに関西弁をしゃべっているだとか、賛否の声も聞かれます。ただ金足農業の吉田輝星選手は、いろいろなチームから誘いがありながらも、断って、中学時代のチームのメンバーがいる金足農業を選びました。この仲間と甲子園に行きたい。チームの目標と個人の目標が連動して大きな成果をもたらしました。

個人の能力が高くても方向性がバラバラなチームよりも、チームの目標と個人の目標が連動していると、より大きな強さを発揮するといえるのではないでしょうか。とくに今の子たちには漫画『ONE PIECE（ワンピース）』の世界観のように、一人ひとりは欠点や不足があるかもしれないけれど、そういうデコボコメンバーが一つの目標を追うことに喜びがあり、みなで勝利をつかむという考え方が間違いなくあるのだと思います。

少し前の話になりますが、北国の北海道は甲子園では勝てないと言われながら、駒大苫小牧が2連覇しました。斎藤佑樹選手を擁する早稲田実業に負けてしまい3連覇はなりませんでしたが、あのチームワークの良さと強さは伝説となりました。

駒大苫小牧で有名なのが、円陣を組んだときのナンバーワンポーズ。全員が人差し指を天に向けて掲げ、自分たちが必ずナンバーワン（日本一のチーム）になるんだと常日頃から練習で言い続けていた話は有名です。やはりスポーツの世界でもビジネスと同じように、目指すべき姿、方向性、ビジョンをチームで深く共有し、エンゲージメントを高めてこそ勝利はもぎ取れるということを彼らが証明してくれています。

エンゲージメントフィットした人材を採用する

企業が人材採用を行う上での「３つのフィット」を当社では提唱しています（図12）。

１つ目はカルチャーフィット。社風や理念など、その会社の価値観と合うかどうかです。

２つ目はスキルフィット。中途採用の場合、今までの経験やスキルを会社が必要とし、それらを活かすための採用であり、ヘッド・ハンティング

図12 採用に必要な3つのフィット

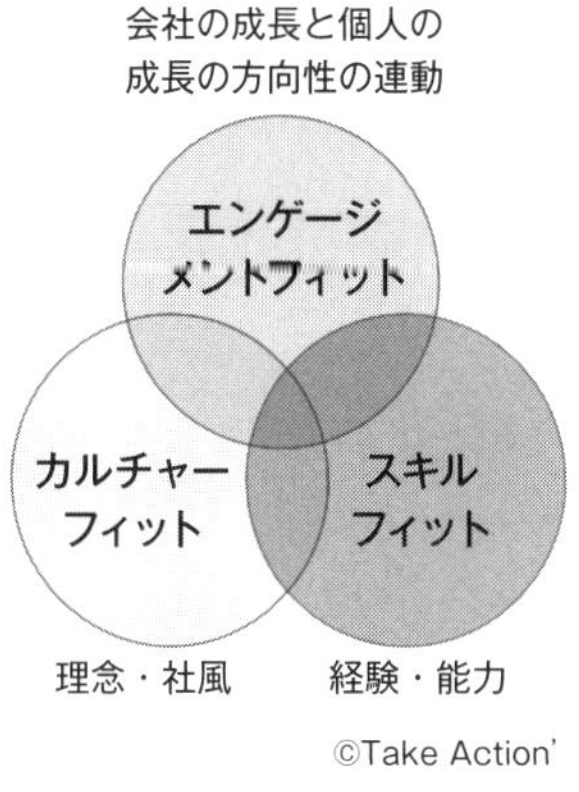

です。

そして最後3つ目はエンゲージメントフィットです。会社の目指す成長の方向性と個人が描く成長の方向性が連動していることです。そしてお互いに貢献し合える関係が大切です。

どれも大切な要素ですが、採用活動において経営者や人事担当に今一度重要視していただきたいのがエンゲージメントフィットです。ではどうやってエンゲージメントフィットが高い人材を採用していくのか。それには採用を自社のファンになってもらう活動と位置づけることです。

採用活動には、就職サイトなどの情報掲載に始まり、エントリー（応募）、会社説明会、面接（1次→2次→最終など）、内定、求職者からの承

図13 採用ストーリー

企業の理念を求職者視点で徹底的に磨き、理念に共感した求職者を１人でも多く採用するためのファン化する活動

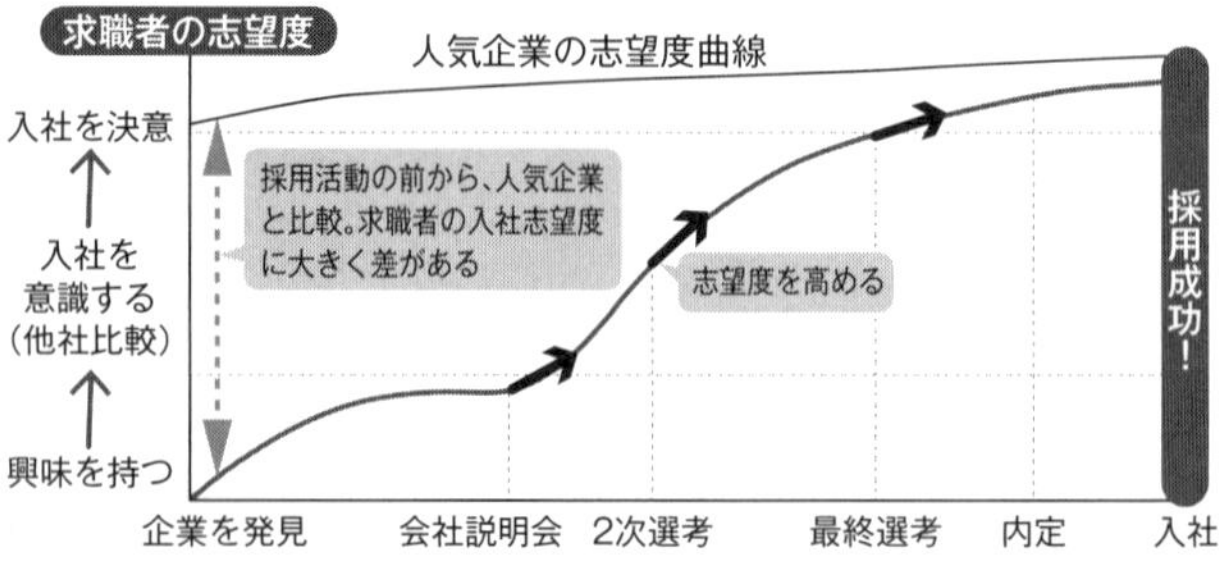

©Take Action'

諾と、いくつものステップがあります（もちろん人材紹介やイベント参加など様々な方法があります）。

それぞれのステップで何をすれば、いい人材を獲得できるのか、求職者をファンにすることができるのか、自分たちの会社が大切にしている価値観やビジョンに共感してくれているか、本当にフィットしているのか、これらを見定める必要があります。

お互い（企業と求職者）の目指すべき方向性が連動し、共感していくと「採用ストーリー」のような状態になります（図13）。

企業と求職者が採用活動中心に接点を持つのは3〜5回ぐらいですが、その間にお互いの気持ちが高まり、求職者は次の選考に進みたい、企業もこの人材をもっと知りたいと思う。こうした相思相愛の状態が作れると入社後のギャップは最小限となり、エンゲージメントフィットした人材の入社する可能性が飛躍的に高まります。

人材定着する組織に必要なエントリーマネジメント

企業にとって人材を育てていくことも重要ですが、活躍する可能性の高い人材を採用していくことが重要です。そこで採用活動では自社に必要な資質や考え方、求める人物像を明確化し、入口の段階でより自分たちの理念や価値観に共感してくれる可能性の高い人材を集める必要があります。それを私たちは「エントリーマネジメント」と呼んでいて採用の入口を管理するという意味合いで使っています（図14）。ちょっとしたズレが入社後には大きなズレとなり、最悪の場合には早期離職につながる可能性もあります。そうしたズレを少しでも減らす入口管理は定着採用においてとても重要です。

例えば休日を楽しむために野球をしようと声をかけたとします。当然、サッカー好きやバスケ好きより、野球好きを集めた方がチームはまとまりやすいのです。ただし野球好きでも実際に何回もやってみると、本気で勝ちにいくガチンコの野球が好きな人もいれば、ルールや規制はなくしてとにかくエンジョイ

図14 エントリーマネジメントとは、採用段階の入口管理

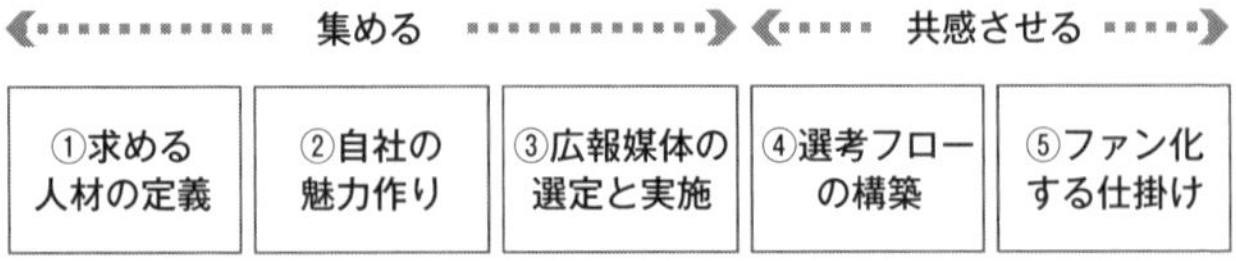

©Take Action'

する野球が好きな人もいれば、やることよりも見ることが好きな野球好きだっているわけです。

採用活動も一緒です。図14のように人材の集め方と、互いの共感度を確かめ合い、ファン化させること。それを理解しておくと採用活動の進め方も変わってくるのではないでしょうか。

【重要！】
●最も重要な入口管理は、理念に共感した人材を採用すること。
●会社の方向性や理念・ビジョンをしっかりと訴求し、理解してもらう。
●自分の目標と会社の目標が重なっているかを判断してもらう。

福利厚生を会社の価値観や理念を伝えるツールとして設計する

会社の価値観や理念を伝えるのに、福利厚生もまた有効な手段となり得ます。

福利厚生というと、会社が従業員に与える制度という印象が強く、従業員満足にはリンクしてもエンゲージメントを高めるものとは考えにくいものです。しかし、せっかく社員に満足してもらい、働きやすい環境を整えるために福利厚生を設計するわけですから、ありきたりで、何も会社の独自性がない福利厚生を作るより、会社の価値観や理念を伝えるオリジナルの社内制度にすることが、採用面でも強みを発揮し、従業員エンゲージメントを高める上でも良い効果が生まれます。オリジナルな福利厚生を当社では「変わり種福利厚生制度」と呼んでいます。その設計の仕方をお伝えしていきましょう。

この変わり種福利厚生制度がなぜ良いのか、そして設計のポイントを説明します。

1. 自社らしさと社風が伝わる
2. 理念や行動指針が伝わる
3. 愛着が湧くネーミング
4. 利用しやすく、されやすい
5. 会社の方向性や意図が組み込まれている

まずは、分かりやすく当社'Take Action'の福利厚生の一覧を見てみましょう。現在は廃止、あるいはネーミング変更したものもありますが、羅列したいと思います。

・Take Action’アワード（社内表彰制度）年2回
・Take Action’college（社長やゲスト講師による社内研修制度）
・Take Action’ライブラリー（社内文庫で本が読める！　貸し出し制）
・For TEAM手当（チームワークを深めるための手当）
・資格取得支援制度
・TGガチャ（THANKS GIFTで1位になったら、豪華賞品をガチャでGET！）
・産休・育休後の復帰キャリア支援制度
・住宅補助制度（提携不動産業者の利用で、仲介手数料50％OFF）
・時間短縮社員制度
・Special Thanks休暇（大切な人に感謝するための休暇）
・確定拠出年金（2018年12月現在）
・ワンピース手当
・ドリームプロジェクト
・委員会ランチ制度

・リゾートミーティング

これらの中でも次のものは、設計のポイントでも述べた、自社らしさや理念が伝わり、愛着が湧き、利用されやすく、会社の方向性も理解できるという、5点をクリアしている内容です。

・For TEAM手当（チームワークを深めるための手当）
・TGガチャ（THANKS GIFTで1位になったら、豪華賞品をガチャでGET！）
・Special Thanks休暇（大切な人に感謝するための休暇）

当社の9つの「TA credo」（後出の図28。クレド：企業の価値観や信条、行動規範などを表現した文言）と呼ばれる行動指針の中にFor TEAMという考え方があります。働く仲間に敬意を払い、常に「個人プレーよりチームワーク」を優先します。「For TEAM手当」にはその価値観を忘れずに大切にしてほしいという想いが込められています。

「TGガチャ」は、当社オリジナルのガチャを引ける権利を与える制度です。カプセルの中には、ランチ手当、ディナー手当が入っています。

「Special Thanks 休暇」には、私自身が社員に伝えたいメッセージが込められています。仕事ができる人は周りを大切にできる人。仕事だけではなく自分の周りの大切な人、家族や両親、親友などのために自分の1日を捧げてほしい、ビジネスマンである前に人として大事にしてほしいという想いが詰まっています。

これらの他に、リファラル採用を強化していきたいという会社の方向性を示し、仲間にしたいと思う人材を誘うときの食事代を補助するワンピース手当も設けています。ネーミングも人気漫画から拝借した愛称をつけ、そこに描かれているいろいろな強みや個性を持った仲間が一つの目標に向けて達成したい成果をつかみ取るという意味も込めています。

私が考えるネーミングのポイントは、この5つです。

1. 愛着が湧く
2. 分かりやすい
3. 楽しそうorワクワクする

4．視覚的インパクトがある
5．自分たちの会社らしさ

福利厚生や社内制度は、全社員、全メンバーが利用するものです。せっかく社員に利用してもらうなら、「利用率」も重要だと思いますし、自分たちらしい制度だなと既存社員に理解してもらい、未来の求職者には、「この会社はおそらくこんなことを大切にしているんだな」と思ってもらえる制度にしたいと思います。

第５章

日本の未来は危ない!? 働く意欲が下がっている現実

日本の会社のエンゲージメントは最低レベル？

さて、エンゲージメントが企業成功に欠かせない要素であることは、第3章、第4章で述べてきました。もちろん気になるのは自社のエンゲージメントレベルでしょう。といって今すぐ、そのデータが揃うわけでもありません。そこで、参考までに、こんな調査結果をご紹介します。日本を含む世界の１３００万人のビジネスパーソンを対象に、アメリカ最大の調査会社、ギャラップが実施した「エンゲージメント・サーベイ」です（図15）。

エンゲージメントは12の質問「Q12（キュー・トゥエルブ）」で計測しています。エンゲージメントの高い「熱意あふれる社員」は、日本企業はたった6％。アメリカの32％と比べて大幅に低く、調査した139か国中132位と最下位レベルでした。さらに、「周囲に不満をまき散らしている無気力な社員」は24％、「やる気のない社員」は70％に達しています。

参考までに世界でも87％の従業員が職場にエンゲージメントしていなく、やる気を持って会社のビジョンを理解し、その上で自分の責任や役割を全うしようと前向きな関係を築いている従業員はなんと13％だそうです。

なぜ日本の企業はエンゲージメントが低いのでしょうか？　いろいろな理由が考えられますが、一つには社会が裕福になったことにあると感じます。高度経済成長期の日本は、みんなが一致団結して「欧米に追い付け、追い越せ」と目標に向かって努力していました。裕福になりたいと必死だったのでしょう。日本社会全体が、戦後の焼け野原から立ち上がり、豊かさを求めて頑張るという志に満ちていたのではないでしょうか。しかもその頑張りは着実に成果をもたらし、人々の暮らしがどんどん良くなっていった。

国全体がエンゲージメントの高い状態にあり、それこそが日本の高度経済成長を支えたのだと考えられます。

しかし残念ながら、その成功体験が強烈だったのでしょうか。世界一のものづくり、メイドインジャパンとブランド化された日本の産業は、アジア諸国の著しい成長や環境変化に対応できませんでした。過去の成功体験を手放せず、変化できない組織がグローバル競争の中で取り残されていきました。

その中で、それを危惧し、危機感を覚えた人はほとんどいません。お金を求めなくても幸せで楽しく過ごせる世の中と

図15「熱意あふれる社員」日本は世界で最下位レベル

米ギャラップの調査（2017年発表）によると、日本は熱意あふれる社員の割合が6％で、調査対象139か国中132位という結果だった。

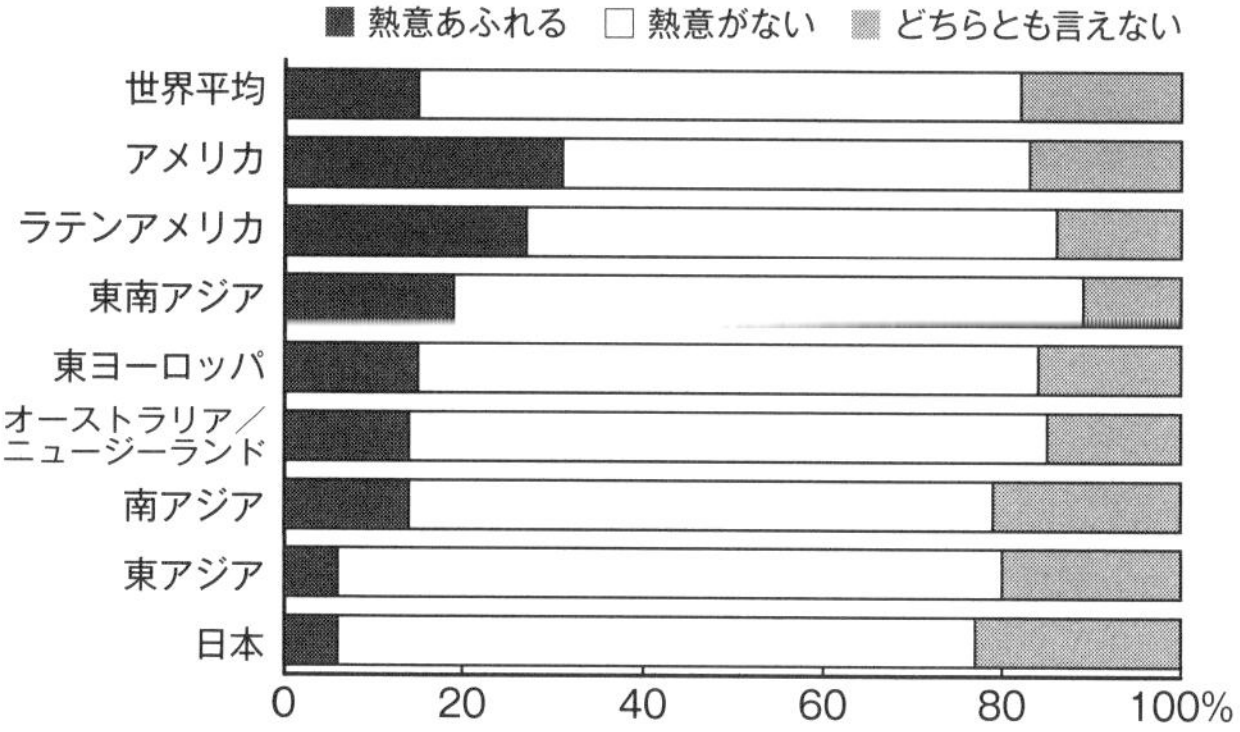

出所：State of the Global Workplace 2017、ギャラップ

なり、きょうだいでテレビのチャンネル争いをしたり、ファミコンを取り合ったりする時代から、スマホが一人一台の時代となりました。小学生のころからスマホを持ち、見たいときにテレビや映画を見たり、YouTubeでいろいろな動画を見て、ファミコンなどのゲームを買わなくてもアプリで遊べる時代になりました。

そんな裕福さを簡単に手に入れてしまえる今は、かつては国も企業も個人も裕福になるために必死であるがゆえに世界トップクラスだったかもしれないエンゲージメントが、世界最低レベルにまで弱まってしまったのだと考えられます。

20代がなぜこんなに簡単に転職するのか

従来の終身雇用が崩れつつあり、とくに若い世代は転職に対する抵抗がなくなっています。

しかもヘッド・ハンティングや本当にキャリアが高まる転職はごく一部なのにもかかわらず、転職イコールキャリアアップのような錯覚や誤解も横行し、転職がとても身近でイージーなものとなりました。その上、少子化が進んでいます。20代の雇用確保がますます困難になる中、20代を自社で育て、定着、活躍させる重要性がいっそう増してきました。

ではなぜ20代が転職を続けるのか。エンゲージメントとの関連を探る前に、あらためて、今日の状況を把握しておきましょう。

厚生労働省の平成29年雇用動向調査結果（毎月勤労統計調査の不適切な事務処理に伴い再集計し、２０１９年5月に更新したもの）から２０１７年の離職者数を見てみます。いわゆる正社員（期間を定めずに雇われ、パートタイムを除いた人など厚労省の調査分類では「一般労働者」）の離職者は約４３８万人です。産業別では卸売業、小売業は約66万人と最も多く、次いで製造業の約62万人、宿泊業、飲食サービス業約48万人と続きます。年齢別では25～29歳が約71万人と最多です。

一方、正社員でない人も含めた離職者全体は、約７３４万人に上ります。産業別で最多は宿泊業、飲食サービス業の約１４３万人、次いで卸売業、小売業の約１３０万人、そして医療、福祉の約97万人です。年齢別では20～24歳が約１０３万人と最多です。20～24歳の離職理由（このデータは再集計以前のもの）は、労働時間や休日など労働条件が悪かった（19・3％）、給与が少ない（14・8％）もありますが、注視すべきは、他の年代より「仕事の内容に興味を持てなかった」（11・9％）の比率が高いことです。仕事の理想と現実のギャップが離職につながったことが推測されます。

みなさんは、ご自身が勤める会社の離職率をご存じですか？　離職率はもちろん低ければいいというものではないですが、活躍人材の離職が起きている場合は黄色信号です。業界や企業の成長性や考え方によっても大きく異なるため、数字だけで判断することは難しいのですが、一般的に離職率が高くなる理由は、給与、休暇、労働時間などに問題があることが多いと考えられます。

では、給与アップや労働時間の短縮で離職率は確実に下がるものなのでしょうか。第3章にも書いたように、給与や賞与、休暇や労働時間などの条件を良くすることは不満足を予防する役目をある程度果たしますが、満たせば満たすほどより多くを望むようになるという問題も起きてきます。一時のモチベーションになることもありますが、それは決して解決策にはならないので、離職率が下がることには直結しないでしょう。

ブラック企業や働き方改革の誤解

企業の人材定着やエンゲージメントを語る本でまさかブラック企業という文字が登場するとは正直私も思いませんでしたが、本当の意味での働き方改革の意味合いをご理解いただくために、一度触れておきたいと思います。

ブラック企業が一般的な言葉として定着したのは、バブル崩壊後。1990年代に入ってすぐ、企業の収益が激減し、コスト削減の必要性が強くなったことも背景にあると思います。

企業は収益を上げる苦肉の策として従業員に過度な業務量を課し、深夜までの長時間労働、休日返上も当たり前になって、やがて「働きすぎによる疲労蓄積が原因で死亡する過労死」が「Karoshi」という国際的な共通語になるほど大きな社会問題になりました。そんな時代背景の中で2009年には映画『ブラック会社に勤めてるんだが、もう俺は限界かもしれない』が公開されました。

しかし時代が変わり、働き方が変わっただけで、かつては「企業戦士」「モーレツ社員」と呼ばれた時代もあったのです。1960年代に働き盛りだった世代では、

「帰宅できるのは週に一度あれば良い方」

「残業が終わった午前1時から会議があった」

「会社に泊まり込むのは当たり前だった」

「子どもの寝顔しか見たことがない」

など、凄まじい話ばかりでした。

当時は「企業戦士」とか「モーレツ社員」と呼んで、称えるイメージはあっても、「ブラック」とはされませんでした。戦後の混乱期を抜けて、経済が上向いていく希望が見えていたからではないでしょうか。国として成長していきたい。会社として成長していきたい。そのビジョンに賛同し、自分の責任と職責を全うした、まさにエンゲージメントが高い状態だったからこそだと思います。

もちろん私は長時間労働も休日返上も社員に望んではいませんが、従業員エンゲージメントが高い状態で長時間労働している人を、果たしてブラック企業で働いている「ブラックワーカー」と呼んでいいのでしょうか。一般的なビジネスマンより活躍し、大きな成果（給与、待遇、地位、名誉）をつかんだ人は、基本的に、長時間勤務が当たり前、休日返上当たり前で頑張ってきた人ばかりなんだと思います。高い志を持って自分の成長のため、組織の成長のために前向きに仕事をしている人と、ただ働かされているという「ブラックワーカー」とでは、捉え方や環境によって大きな差が生まれているように感じます。

一方で、最近は働き方改革といった聞こえの良い言葉がニュースはもちろん組織の現場からもよく聞かれます。生産性を落とさず、むしろ高めていきながら働き方改革を行っていくのなら理解できますが、生産性の向上という視点もなく、長時間労働を単に是正するというのは少し疑問が残ります。なぜなら、労働時間が長くてもエンゲージメントの高い人たちが存在するからです。起業家や経営層、幹部層には長時間労働の人は少なくありません。ベンチャー企業や高い志とビジョンに人材が共感している企業では、時間を忘れて仕事に没頭するような、意欲あふれる若者が活躍しています。このような人たちにとって、健康を害さない程度の長時間労働は必ずしも悪ではありません。

これは、彼らの仕事や組織に対するエンゲージメントが高いからです。「働き方改革」が単なる「長時間労働の抑制」になってしまうと、次世代のビジネスリーダー層の働き方が制約されるリスクがあります。改革がかえって働く喜びや働きがいを奪い取ってしまっては、本末転倒です。

また、ブラック企業で勤める人たちにおいても、本当にその会社が嫌であれば、自らが熱量を持ってその会社を改善するか、あるいは自分がやりがいや職責を感じられる職場に移ればいいだけの話で、実は問題はその企業に居続けてしまうエンゲージメントの低さにもあります。エンゲージメントの低い状態を放置してキレイな言葉だけで労働時間の短縮を謳うだけでは、企業成長や日本経済にプラスの影響は生まれないと思います。

給与・福利厚生はバランスが重要

経営者の方は社員の給与や福利厚生について考える機会が多いと思います。もちろん、高い給与、手厚い福利厚生であるに越したことはないですが、会社の収益とのバランス、個々人の成果や会社が求めることに対する結果などに左右されてきますので、とても悩ましい課題かと思います。給与・福利厚生などによって、社員が満足感を得たり、不満に思ったりする、そこにどのような心理的要因が働いているのかを理解する助けとなる理論をここで紹介したいと思います。

アメリカの臨床心理学者フレデリック・ハーズバーグ氏は、技術者・会計士２００人に聞き取りを行った結果、仕事において満足を与える要因と不満足を与える要因とは、まったく別次元のものであるとする理論を打ち立て、１９５９年に刊行した『作業動機の心理学』で提唱しました。仕事において満足を与えるのは、精神的に成長したいという高次の欲求＝「動機づけ（Motivation）要因」であり、一方、不満足を与えるのは、苦痛・欠乏など低次の動物的な「衛生（Hygiene）要因」である、と行動心理を分析したのです（図16）。仕事の場面では次のものが該当します。

・動機づけ要因：成果を上げたときの達成感、やり遂げたことに対する承認、任せられている実感など。職場・仕事への満足感が生まれ、長期的な活躍・定着につながる。

・衛生要因：給与、福利厚生、職場環境、会社による管理・監督の仕方など。給与・福利厚生などは業界・職種平均を上回るほど従業員の満足感が高まるが、満たせば満たすほどより多くを望むようになる。

つまり、不満足要因をいくら取り除いても不満足感を減少させる効果しかありません。

仕事の満足感を引き出すには「動機づけ要因」にアプローチしなくてはいけないということです。

図16「満足」を招いた原因(動機づけ要因)と「不満足」を招いた原因(衛生要因)

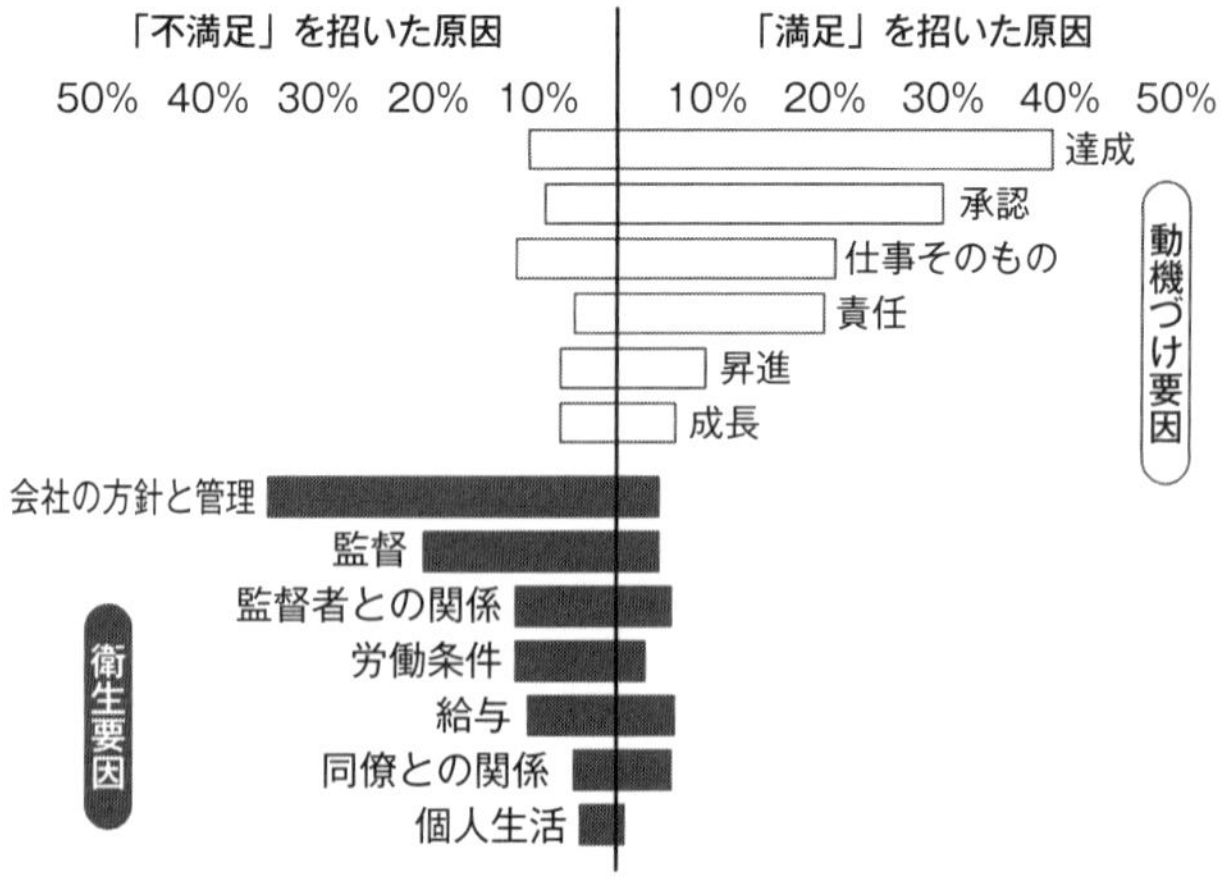

出所:フレデリック・ハーズバーグ(米)
『作業動機の心理学』1959年

第6章
実例に学ぶ！　従業員エンゲージメントアップの秘訣

第5章では「日本の未来は危ない!?」ということで、日本企業は従業員エンゲージメントが低いという衝撃的な調査結果をお知らせしました。しかし、もちろん日本には従業員が生き生きと働き、成長を遂げている素晴らしい会社がたくさんあります。

第6章は、それぞれのスタイルで従業員エンゲージメントを高め、事業拡大、理念追求、質の向上など、目指す姿に向かって進み続ける、当社がサービスを提供している企業の事例を紹介します。あなたの会社の従業員エンゲージメント向上の参考になり、また勇気づけられることでしょう。

建築技術者派遣事業の事例

賞賛する企業文化を培う社内表彰式。理念経営へのステップアップ

株式会社コプロ・ホールディングス
株式会社コプロ・エンジニアード
清川甲介代表取締役社長

26歳で建設エンジニア専門の人材派遣会社の「雇われ社長」となり、年商50億円の会社を200億円まで成長させた後、独立し、コプロ・エンジニアードを設立した清川社長。理念経営の重要性を強く認識し、正社員・派遣社員の定着に向けて数々の策を講じ、着実に成果を上げています。

プロフィール

1977年愛知県生まれ。2006年、株式会社コプロ・エンジニアードを名古屋市に設立。2008年、東京支店開設。2015年ホールディングス（持株会社）体制に移行。全国展開を果たし、2018年には従業員数約1600人（正社員・派遣社員含む）。売上約100億円。2019年3月、東証マザーズおよび名証セントレックス上場。

売上は伸びるも将来が見えない

――２００６年に会社を設立して売上を順調に伸ばしてきたのですね。社員の定着はどうでしたか？

売上の数字は伸びているけれど、営業社員、事務系の社員が定着せず、次々と辞めていくのを目の当たりにしていました。傍目には伸び盛りの会社に見えたかもしれませんが、私自身は中身のない張りぼてのようだと思っていました。10年後が全然見えない状態でした。独立する前、雇われ社長時代は大手グループ会社の中の建設に特化した小さな子会社を任されており、親会社やグループ会社に対して、存在意義とか目立ちたいとか、この中でのし上がっていきたいという社員が集まっていました。「みんなでやろうぜ！」というマインドセットだけでいけたのです。

今から思えば数字を優先させた会社の良くないやり方だったのでしょう。恥ずかしいことに企業理念という言葉を「何なんだ」と思っていました。そんなきれいごとより、まず売上作ろうぜと。企業理念の大切さは雇われ社長時代も教えてもらったりしませんでした。

社員にしてみれば、企業理念が定まっていない会社に入社してきて、この会社（コプロ）はどこに向かっていこうとしているのか、何を大切にしたらいいのかと不安に思ったことでしょう。そう惑わせてしまったことも、社員が定着しない一因だったかもしれません。

――目標が厳しすぎて達成できず離職につながるということはないですか？

数字に対しては今も厳しく責任を持たせていると自負しています。それは10年前と何も変わりません。今と違ったのは「楽しさ」がなかったことでしょう。コプロというステージで日々の志事において、自分自身の成長が実感できれば、どれだけ厳しくても辞めないと思います。

企業文化を育む社内表彰式

――社員が「楽しさ」「成長」を実感できるものを会社として設けたということですか？

創業5年目（2010年）に始めた社内表彰式の「コプロアワード」は、その大きな役割を果たしている一つだと思います。ふだんは社員が一堂に会する機会はなかなかありませんが、コプロアワードでは全社員を前に、頑張った人がステージに上がり、スポットライトを浴び、しっかり評価されるのです。当社の社内表彰式の良さは、社員一人ひとりのコプロアワードに対する意識の向け方だと思います。社長一人が盛り上げているのではなく、頑張った人間がハイタッチして喜び合い、受賞できなかった人間が「悔しい。次こそは絶対に受賞してやるぞ！」と涙を飲む。社員全員で喜びを分かち合い、悔しがり、また相手を認め、リスペクトする。こういう文化は社員それぞれの気持ちや考え方が社長の私と同じ方向を向いてくれたからこそ育まれ、コプロアワードという場で確かめ合えるのだと思います。

――社員同士が称え合うようになったのは、どのようにしてでしょう？

実はコプロアワードを行うにあたって、果たしてうちの会社がこういうことをして盛り上がるのか、一体感が醸成されるのか半信半疑でした。というのは、それまで営業が強い会社にありがちな「俺だけ」という意識が強く、リスペクトし合う雰囲気とは言いづらいものがあったからです。しかし、そこから脱皮していくことができました。それは新卒社員が入ってきたことが大きいですね。

新卒の女性営業社員が新人王を獲得して大泣きしていたのが今も脳裏に焼き付いています。東京のカフェを貸し切りにし、優勝したチームはリムジンで東京を一周するなど盛り上がりました。その前年、中途入社組のみで開催した第1回も盛り上がったのですが、新卒1期生が入っての第2回は、盛り上がり方の中身が全然違いました。新人王は経験もスタートラインもすべて同じであり、何も言い訳ができないところからなので新人自身が真剣になるのはもちろん、彼らを育てている先輩たちも新人を表彰式の舞台に上げさせたいと思うのです。「俺が、俺が」から「切磋琢磨《せっさたくま》し、リスペクトし合う」文化に変わりました。

社内表彰式はただ取り入れればいいのではありません。社長が傍らで見ているだけではだめで、それでは社員も「あ、俺じゃないんだ、おめでと……」ぐらいの感じになってしまうでしょう。

会社として社員を正当に表彰し、評価してあげること。それと、頑張ってくれてありがとうと、社長の私自身がフェイストゥフェイスで握手して、称賛する場所にしたい。それがコプロアワードです。

――新卒採用については、いかがだったでしょう？

当初は新卒社員を採用することについても自信がありませんでした。新卒社員を受け入れられるような会社じゃないし、来てくれるかどうか気がかりでした。社内規定などのインフラ関係は整っておらず、中途の社員が入っては辞め、入っては辞める、こんな会社にどうやって新卒社員を入れるの？　という状況でした。でも失敗してもいいから1回やってみるかということで、新卒社員採用に踏み切りました。始めたら大成功でした。営業社員を9人採用し、ほぼ計画した人数が揃いました。

新卒社員を採用したことで、企業理念が大事なんだということを何よりも私自身が気づかされました。企業の成長ギアが2つも3つも上がってトップギアに入ったのです。

新卒1期生は大幹部（現役員）が厳しく厳しく指導して、今、その中の5人が支店長以上、2人が支店長をまとめる統括部長になりました。25、26歳で支店長になり、16支店中11支店がプロパー新卒です。翌年、2期生は1期生が指導しました。しかし、教えるスキルがなく、残念なことに1人しか残りませんでした。そういった課題も一つ一つ解決してきたので今があるのかもしれませんね。

感謝を表す、全社で共有する

――新卒採用を重ねる中、社員が大切にすべきこととして共有に努めてきたことは何ですか？

社名の「コプロ」は「応えるプロ、コプロ」が由来にあり、高い志を持つプロフェッショナルな組織として一丸となり、ステークホルダーのみな様の期待に応える、という意味を込めております。

また、仕事は「志を持って事を成すこと」として「志事（しごと）」と捉えています。そうしたことから、社員に対しては、「うちの会社は人間力が大切だよ。一人ひとりの人間力を高めていくんだよ」と繰り返し伝えています。もちろんビジネススキルも大切だけれど、それよりもヒューマンスキルを高めていくことの共有に努めています。人からの見られ方、部下への見せ方、立ち居振る舞い、コミュニケーションのとり方を大切にしていくことをずっと言い続け、4期生、5期生ぐらいからかたちになってきたと思います。

ヒューマンスキルといわれて、じゃあどうすればいいんだろう？　と社員は悩んだりもします。答えは何パターンもあると思います。私が言う人間力は「自己理解」です。己を知りなさい。自分が人からどう見られているのか、どういう評価をされているのかを知りなさい。ちゃんと分析して、だめなところもしっかり受け止めなさい。そんなことを言い続けています。

サラリーマン時代の私は「俺こんなに数字上げてすごいだろ」と天狗になっていたときがありました。しかし、これじゃだめだと、自分で高くなっていた鼻をポキンと折りました。周りに支えられて契約が取れる。感謝の気持ちなしには大成しないと強く認識したのです。

――感謝の気持ちは、どのように示しているのですか？

営業社員・事務社員・技術社員が互いに感謝の気持ちを伝え合うことができるアプリ「THANKS GIFT」で示しています。ここまでやる派遣会社はないと思います。もちろん、なんでこんなことをするのか面倒くさいと思っている人もいます。技術社員は直行直帰で、「あれ、俺の雇われ先って○○建設？　いやいやコプロだろ」と、なかなか帰属意識は持ちにくい。そこで2019年度からはすべての技術社員にスマホを貸与し、感謝を送り、情報共有を図っています。また、災害時の安否確認、勤怠管理の徹底、働き方改革にともなう長時間労働の抑制などは、今後、人材派遣会社には徹底的に求められてくるものです。かなりお金を投入することになりますが、人材定着のため、社員の健康管理のため、他に先駆けて取り組みます。

一方、スマホを通じて遠くの社員同士で共有するだけでなく、例えば、ブロックごとに年に1回開催する安全大会の「コプロ・コンベンション」で顔を合わせる機会も大切です。私がブログでアップしている内容を技術社員の人たちも見てくれていて、「ブログに共感できました」「面白いネタですね」とコミュニケーションをとっています。

――定着率についてはいかがでしょう。

当社には営業部の他にトラスト課という部門があります。技術社員の仕事の現場に出向き「何か困ったことはないですか？」「つらいことはないですか？」「先方との人間関係は大丈夫ですか？」と聞いて回ります。技術社員にとっては、派遣先に相談できないことも話せるので安心感につながります。こうした取り組みは他社にもあると思いますが、業界初導入は当社です。人件費が膨らみますが、定着は生産性の向上につながります。技術社員の満足を追求しなさい。しっかり愛情を持って耳を傾けなさいというのがトラスト課のミッションです。仮に技術社員に不利な現場であればクライアント企業に出向き、場合によっては解約通知を出すことも伝えます。仕事は楽しくないとだめです。技術社員はコプロの看板を背負っているので、会社は放っておかない、孤独にさせないのです。

――採用の体制作りはどのようにしてきましたか？

採用は会社の未来を担う企業理念に沿った人間を採っていく取り組みなので「採用戦略」というネーミングにしました。意思決定の高いレベルに位置づけて役員クラスに担当させるべきだと考えています。支店長の中でもスーパースター級を採用担当に据えています。いちばんの稼ぎ頭を支店長から採用担当に異動させるにあたっては相当な勇気がいりましたが、社内にその重要性が周知でき、また、それだけの結果が得られたと思っています。

採用ブランディングの必要性

――採用について数々の取り組みを進めてきて、今後はどのような取り組みを進めますか？

採用戦略のチームも増員し、採用の仕組みが整いつつありますが、今、取り組んでいるのが採用のブランディングです。今まではどちらかといえば働いている社員の「人の魅力」で学生にアプローチをしてきました。もちろんそれも重要なのですが、コプロとして、どんな学生に来てほしいのかを明確にし、学生の心を鷲摑みにするキャッチフレーズや世界観の開発も含めて採用ブランディングを始めています。

これからはコプロの社員の魅力だけではなく、コプロの会社としての社会的意義に共感する学生を採用していかなければならないと考えて、開発したキャッチフレーズの一つが「日本のものづくりを止めるな」です。人手不足に究極に悩んでいるのが建設業界ですが、日本のものづくりを止めないこと。そして、働き方が多様になっている人たちに対して、派遣ビジネスの社会的意義をしっかりと示していく。そのために、いろいろな仕事を常に準備しておく。これが、私たちが果たしていく役割ではないかと思います。

飲食・ブライダル業の事例

「採れない・定着しない」からのエンゲージメントアップ、1000人体制へ

株式会社一家ダイニングプロジェクト
代表取締役社長　武長 太郎

20歳で起業し、飲食店経営を独力で開始。アルバイト・中途採用者は採ってもすぐ辞める状態が続く中、新卒採用に踏み切り、数々の試行錯誤を経て、価値観と理念共有を柱に従業員エンゲージメントを高め、社員、アルバイト合わせて1000人体制を築きました。採用・定着の成功の秘訣を武長社長に聞きます。

プロフィール

1977年千葉県生まれ。1997年、千葉・市川市に有限会社ロイスカンパニー（資本金300万円）を設立。くいどころバー一家（現こだわりもん一家）本八幡店オープン。2000年、株式会社一家ダイニングプロジェクトに改組・改称。2012年、ブライダル施設ザ　プレイス　オブ　トウキョウを東京・港区にオープンし、ブライダル事業参入。2017年、東証マザーズに上場。飲食店：直営56店、婚礼施設：1。従業員数248人、パート・アルバイト880人。売上高：約70億円（2019年3月現在）。

新卒採用の前史――応募の電話が1件もない

――居酒屋を始めた当初、求人はどうしていましたか？

1997年に起業し、求人雑誌やインターネットの求人サイトで募集していました。ところが、電話は1件もありません。千葉県で無名の居酒屋が求人を出しても全然、来ないということです。

求人広告には、まず「アルバイト募集」とし、それに続けて「社員同時募集」と書き添えました。フリーターの子が来ると、社員にならないかと一生懸命口説きました。そうでもしない限り、社員が増えないのです。店の経営で何がいちばん苦労したかといえば、とにかく人の採用です。

――やっと確保した従業員は定着するのですか？

しません。彼らは「途中、会社を手伝ってくれた人」なのです。一生懸命育てても辞めてしまったり、レジの金を持って逃げてしまった社員もいました。

「寮あり」と募集広告に書けば応募してくると聞き、やってみたら、リュックひとつ背負った子が面接に来るようになりました。うちの会社に寮があったわけではなく、その子のために部屋を借りるのです。しかし採用して1か月しないうちに辞めてしまうものです。

中途採用で、面接に来るのはうちの会社を辞めた子と同じような方が多いです。やはり、会社に入っては辞め、次々と転職を繰り返している人が中途市場にはたくさんいるのです。つまり、辞める可能性が高い。それと、ちょっとやりにくかったのは、ぼくが当時22、23歳で、中途採用者は全員年上だったこと。みなさん職人気質で、料理のことは口を出すなみたいな感じで、なかなか言うことを聞いてくれませんでした（笑）。

新卒採用を開始――学生に「夢」を語り、親に「花嫁修業」効果を説く

――そして、新卒を採ろうと決断したのですね。

有限会社から株式会社にした後、5店舗目のオープンと並行して2002年春、新卒採用に着手しました。当時、年商5億円、社員数約20人で、ぼくは、アルバイト学生を一生懸命口説いて社員にしていたのです。

店の3階が会社の事務所で、あるとき学生が会社説明会に1人しか来なくて、急きょ、店のアルバイト学生2人にサクラになってもらったこともありました。

「うちの会社に入ったら、こんなことができるよ。ぼくにもできたんだから、君にもできるよ！」

と、仕事への想い、ビジョンを語りました。そうやって一生懸命少ない学生を一人ひとり本気で口説きました。結果、説明会に来た1人の学生もサクラの学生アルバイト2人も、揃って社員になりました。

そのころのぼくには夢を語ることくらいしかできませんでした。でも、会社説明会でぼくが直接、学生に夢を語ることは、今に至るまでの20年間、ずっと続けていて、経営理念として「お客様、関わる全ての人と喜びと感動を分かち合う。」「誇りの持てる『家族のような会社』であり続ける。」「夢を持ち、限りなき挑戦をしていく。」を掲げています。新しく入ってくる仲間たちと会社を成長させていく上で、理念の共有は欠かせないものなのです。

――大卒者の居酒屋への就職は、親御さんのハードルも高いのでは？

それはもう、とくに女子の採用はハードルが高かったですね。そのころは必ず、親御さんを店にご招待し、「うちの会社に娘さんをください」とお願いしたものです（笑）。まるで嫁をもらうときに挨拶に行くのを毎回やっているような気持ちでした。

ある美大生に内定を出したところ、ご両親が娘さんの制作した作品を持ってきて、ぼくに見せながら、「こんなに才能豊かな娘を、なんで居酒屋に就職させなければいけないのか」と説教されました。それに対してぼくは、

「うちはおもてなしを大切にしている会社です。目配り、気配り、心配りが身につきます。他の会社のデスクワークではコンピュータのスキルが身につくかもしれません。でも、うちの会社なら絶対にいいお嫁さんになれる、そんな人財に育てます」

それしか言えませんでした。おもてなしを通して目配り、気配り、心配りが身につき、一人ひとりの社員が人間として成長していくという基本的な考え方は、これも20年間、まったく変わることはありません。ホームページには「お店には細かい規則をつづったマニュアルなどありません！　お客様の笑顔の為に、できることは何でもする！　それ

が私達の唯一のマニュアルであり、会社の行動基準です。」と書き、創業当初の想いをより深めています。

会社説明会――理念への共感を得て内定に導くために

――現在は、説明会から内定まで、どのように進めていますか？

一家らしさを感じてもらえるよう、他社とはかなり違う説明会を実施しています。説明会は東京タワーの麓にある、うちのブライダル施設「ザ プレイス オブ トウキョウ」で行います。まず、その最寄り駅の地下鉄・赤羽橋駅を出ると、そこに社員が待っています。学生に道に迷わないようにと地図を渡します。会場に向かう坂の下にも社員が立っていて、声かけをします。そして会場の入口では、社長の私が出迎えます。

他社の場合、こうしたことは人事の若手社員の仕事だったりするので、何社もの会社説明会を経験してきた学生にとっては驚きでしょう。説明会が始まる前の時点で「あっ、他の会社と違う」と感じてくれるようです。ぼくらは「おもてなし日本一」を目指す会社ですから、説明会もまた飲食店やブライダルと目指すものは同じです。どうしたら感動してもらえるか、喜んでもらえるか、相手の立場になっておもてなしをしているのです。社員みんなと学生の立場になってアイデアを出し合い、「じゃあ、社長が入口に立って、最初に学生に挨拶してください」みたいな感じです。

学生に体感してもらって、「私もこの会社に入って日本一のおもてなしを学べる人になりたい」と思ってくれる人を仲間として迎えたいのです。説明会の締めくくりには、人事から「当社は若い社員にチャンスを与え、幹部や社長はその引き立て役です。だからうちは幹部が率先して説明会の誘導などの引き立て役をします」と伝えます。そうすることで当社の姿勢、社風を理解してもらえると、一家のファンになる学生が増えていくのです。

人気業種と不人気業種、そのギャップへの対応

――ブライダルと飲食という2つの柱がありますが、「ブライダル、素敵！」と希望が偏りませんか？

ブライダルを手がけていることで、ネットで検索すればザ プレイス オブ トウキョウ

がヒットして、当社の認知度、注目度が上がりました。確かにブライダル事業は人気の高い業種です。2012年にブライダルを始めて最初の新卒採用で、エントリー数はそれまでの7倍にもなりました。その圧倒的多数がブライダル希望でした。現在も会社説明会に来る約8割はブライダルを目指している学生です。

当初、採用は飲食とブライダルとで分けようかとかなり迷いました。ブライダル希望の女子が居酒屋に配属されてモチベーションが下がることが懸念されたからです。とはいえ、うちのブライダル施設は1か所のみで、将来の計画も飲食中心であることには変わりません。

たどり着いた結論は、経営理念の「お客様、関わる全ての人と喜びと感動を分かち合う。」に立ち返ることでした。一生に一度のブライダルも会社帰りに寄る居酒屋でのひと時も根幹は同じ。日本一のおもてなし集団を目指す一家ダイニングプロジェクトを好きになってもらおうと考えたのです。

現在、説明会でも飲食中心に事業の説明をします。それで、がっかりするのであれば、他のブライダル会社を志望していただけばいいと思います。

自分は何がしたかったんだろうと自問したとき、人を楽しませ、幸せなひと時を過ごしてもらいたい。それを喜びとするプロになりたい。そう思える人に来てほしいと考えています。

――説明会で、学生は納得しますか？

説明会では会社の柱となる理念やビジョンを中心に話をし、そこで学生の心に響けば2次選考に来てもらいます。そして当社では本当にたくさんの社員と会ってもらいます。例えば店舗の見学会をこだわりもん一家・銀座店で行います。学生30人に社員5人ほどで、お互いにいろいろ質問したりします。何を聞き、何を答えるかも大事ですが、どういう受け答えをするかにお互いの人となりや仕事への姿勢が出てきます。また、社員の立ち居振る舞いや言葉の端々などからも社風が伝わるでしょう。

「この人たちと、一緒に働きたい！」となれば、よきマッチングといえます。

そんな選考過程を通じて学生たちは「何をやるか」よりも「誰とやるか」ということが大切だということに気づいてくれるのだと思います。

社風——学生の声に気づかされること

——社風は、最近の学生にとって会社選びの大きなポイントですね。

学生に、うちの社風が伝わるように、説明会でも店舗の見学会でもいろいろな社員が登場し、学生と接する機会を設けています。最終面接で学生にこんなことを言われました。

「いろいろな会社の人事担当者とお話しさせてもらって、気づいたことがあります。他の会社では、『当社は、こういう福利厚生施設、制度が完備していて、とても社員を大切にしています』という話をいっぱい聞かされました。でも、一家ダイニングは全然違います」

そこで、どう違うのかと聞いてみました。

「社員が会社を大切にしようと思っている。そんな会社だと感じました」

とのことでした。その学生が会った社員たちが、

「一家ダイニングをこういう風にしていきたいんだ」

とうれしそうに語るその様子から自分の会社を大切にしていることが伝わってきた。自分も、そう思える会社に入りたいとのことで、新しい仲間になりたいと言ってくれました。

多様化している社会なので、いろいろな価値観があると思います。社風も、仮に同じ業種であっても会社によってずいぶんと違うと思います。大事なのは、「うちはこういう会社で、こういう価値観の人が多い会社だよ」と自分たちらしさを明確に伝えることだと思います。

説明会に来た「学生というお客様」に、取り繕った、カッコつけた会社の姿を見せるのではなく、明日の仲間を迎え、ファンにする時間。そう捉えながら採用活動を行っています。

内定辞退率——その低さの理由

——社員200人規模になって採用数も増える中、内定辞退はどうですか？

外食産業は内定辞退率50％といわれます。10人採っても5人が辞退してしまうのが一般的な傾向です。

うちの場合、内定辞退率はおおむね5％前後です。2018年は41人採用し、3人ほどが辞退となりました。他社に比べて内定辞退率が低いのは、最終面接に至るまでのステップで入社したいという気持ちが高まっていき、他の会社を蹴ってでも入りたいという気持ちが強まっているからだと考えられます。ぼくが最終面接をして、内定ですと言って握手して部屋を出ると、そこに人事担当者が待っています。ファースト・コンタクトからずっと寄り添うのがうちの会社です。「良かったね」と声をかけるとほとんどの学生が涙します。

ミスマッチとなった人もいます。日本一を目指している以上、厳しいことも伝えます。それを、理想と違ったと感じる人は辞めてしまいます。採用後、離職ゼロが必ずしもいいとは思いません。でも、人に喜んでもらえる、楽しんでもらえる、そういう人間になりたいと思っている人が入ってくるので、だいたいは頑張って成長していきます。

定着のために――自己重要感、「商品とお金を交換する運び屋じゃない」――採用した後、モチベーションを維持し、高めるために、どのようなことをしていますか？

例えば、全社員・全メンバー（アルバイト）が集まって盛大に行う、年に1回の「一家祭り」は大いにエンゲージメントを高めるイベントです。店舗同士で競い、優秀店舗の1年間の取り組みと想いをホールの壇上でプレゼンテーションし、最優秀店舗や個人の表彰を行います。とても楽しみにされていて、かつ貴重な体験を積ませることができます。社員にもアルバイトにも、あなたを必要としてくれるお客様はこれだけいるんだ、あなたがこのお店にいてくれることでどれだけありがたいか、素晴らしいか、と感じさせることを、一家ではとても大切にしています。

最近、タッチパネルでオーダーを取る飲食店が増えてきました。人手不足の中、経営者にとっては窮余の策ともいえるでしょう。お客様の中にも、タッチパネルの方がいいという方もいるでしょう。店員とのやりとりが面倒、料理さえ来ればOKだとか、店員を呼ぼうにも気づいてくれない、なかなか来ない、オーダーを間違えられる、そうなるよりもタッチパネルの方がいいのかもしれません。

久しぶりにぼくが行った居酒屋にも導入されていました。料理を運んできたのは無表情な人で、以前いたとても感じのいい店員さんたちはすでに辞めていました。料理を持っていけばいいよとだけ店長に言われていて、あ、私は「運び屋」なんだ、誰だって代わりがきくんだと思ったら、その店にいる必要はないですから。もう自分たちのことを必要と感じられなかったのではないか、と想像ができます。

自己重要感というのでしょうか。自分という人間は世の中に認められているし、必要とされているし、大切に扱われている。この感情を持てることがとても重要です。ふだんはとくに意識しない人も多いかもしれません。しかし極端に聞こえるかもしれませんが、それを失い、自分は誰からも必要とされていない、これからも必要とされない、いなくても誰も気にしないと思い詰めて自死にまで追いやられることすらある。それほどに自己重要感は人間に欠かせないものといえます。

ところで、その店で、こんなことがありました。注文して食べた料理と同じものが、その後もう一度出てきたので、あ、さっき来ましたと言って下げてもらいました。ところが、タッチパネルをお店の人が確認したところ、確かに2回オーダーされていたので、こちらのうっかりということで、再び運ばれてきました。ちなみにそれはつくね（380円）です。

このことについて、うちの社員総会で話し合いました。ぼくらなら、どうするだろう。「申し訳ございません」と言って下げて、「賄いで食べよう」というのが、みんなの意見でした。

「380円と商品を交換するのがうちの仕事じゃないもんね」

「この店また来たいな。楽しかったな。そういう思い出を持ち帰ってもらうのがうちの仕事で、正当性を主張するのが仕事じゃないでしょ」

と話し合いました。

一家のホームページには、「お店には細かい規則をつづったマニュアルなどありません！　できることは何でもする！　それが私達の唯一のマニュアル」と謳っています。

人工知能やロボットが人の代わりにサービスをしてくれる時代が来ます。でも、人を楽しませ、幸せな気持ちにしたり、感動させるのは人間にしかできないと思います。そういうことをアルバイトを含めみんなに伝えます。それが共有できると、モチベーションは高まっていくと思います。

社員だけでなくアルバイトの力を称賛し、労う
――とくに飲食業においてはアルバイトが大きな戦力です。活躍してもらうために取り組んでいることはありますか？

アルバイトはメンバーと呼んでいます。創業当時から経営を支える重要な戦力であり、何よりも一家は「人」が売りです。最近始めた「看板男子女子総選挙」は、7月の2週間、全店（当時46店舗）告知して、お客様ご来店1回ごとにその日、接客の良かったアルバイトに1票入れていただき、一家の神セブンを決めます。お客様のスタッフへの注目度も高く、よその外食会社ならホームページでメニューなどがよく見られると思いますが、うちはスタッフ紹介がいちばん見られています。アルバイトメンバーも「店員さん」でなく名前で「○○さん」として受け止められていると実感すると、自然と接客に対する意識は高くなっていきます。

今の若者は草食系の印象を一般に持たれていますが、仲間のためにという想いは熱いです。時給が良くなるのはもちろんうれしいけれど、人に喜んでもらえることが最高にうれしい、という人が多いです。そういう人たちが、うちの店に集まるということかもしれません。うちの店は、タッチパネルの店と同じ時給で、お客様とのやりとりがすごく多いです。スタッフはエネルギーも使います。その代わりといってはなんですが、学生アルバイトが卒業で最終日というとき、お客様が詰めかけて満席になります。プレゼントももらったりします。その姿を見て新人のアルバイト学生は「4年間頑張ってああいう風に卒業していこう」と感動します。

――「総選挙」が顧客参加型の評価イベントとすると、会社としての理念共有や貢献度評価のために何か実施していますか？

アルバイトを対象とした「一家メンバーサミット」というのがあります。最も一家らしい、接客スキル・知識を持ったホールスタッフと調理スキルと知識を持ったキッチンスタッフを決める選手権です。各店舗が自店の一押しのスタッフを選んでエントリーし、マネージャー陣が接客ではサービス知識・サービス力・接客の感動エピソードなどを書類審査し、現場臨店する3段階の審査が行われます。これらを経て、一家メンバーサミットでプレゼンバトルが行われ、参加者による投票で優勝者を決定します。感動の嵐を呼ぶイベントとなります。同時に選手権の趣旨・審査方法・エントリー者の仕事への想いなどをまとめたパンフレットを全員に配付します。手間もお金もかかるイベントですが、アルバイトが理念を共有していく上で大きな成果があるという手ごたえを感じます。こうした手法が、どの会社にも効果的であるかは分かりませんが、一家においては大いにモチベーションを高め、社員・アルバイトの一体感を醸成しています。

お客様がまた来ようと思うのに、上場しているとか業績がどうだとかトップがどんな人間だとかは関係ありません。現場のスタッフがどんな気持ちで働いているかがいちばん大事です。彼らが認められ、称賛され労われる職場をいかに作るか。それがトップとしていちばん考えるべきことだと思います。

採用支援会社の上手な使い方

――人材の採用にあたって、外部の業者を使うことは、どのようなメリットがありますか？

飲食は不人気業種なので、採用のノウハウや関連する情報が得られるのは大いに助かります。うちの場合、いちばん良かったことは、ブライダルを始めるにあたって採用戦略の方向づけができたことです。

当初は、ブライダルだし、こういう風にかっこよくやろうとか、ブライダル志望者と飲食志望者を分けて説明会をやろうとか思ったのですが、絶対そんなことはしない方がいい、と強く止められ、それに従ったことは正解でした。一家ダイニングが本当に大切にしていることをダイレクトに伝えれば、間違いなく学生に響くと言われ、確かに本質がしっかり伝わるようにした方がいいと、決断できたのです。自社として理念を謳っていることも、学生から見てどうなのか、どこが魅力なのか、外部者である専門家の率直なアドバイスを受けることは必要だと思います。

保険代理店の事例

エンゲージメントフィットした人材採用が企業を変革する

Ｉ Ｕ株式会社

会社プロフィール

2014年、東京・銀座に総合保険代理店IU株式会社設立。従業員数13人（2018年）。

山崎晋吾代表取締役へのインタビューより構成

業界定着率平均5％　超低定着率から脱するために
——新卒採用をしようと思ったきっかけは何ですか？

まず、保険業界についてお話ししますと、他業界の会社組織とは大きく違って、従来、営業担当者の個人プレーの世界でした。フルコミッション（完全歩合制）の人が会社に所属しながら個人事業主として活躍し、だめなら使い捨てという状態が長く続いてきました。それを変えるべく2017年の保険業法改正で、保険会社は管理監督を強めた体制整備をすることが求められたのです。

保険は、契約者の方が亡くなるまでお付き合いをする商品です。ところが従来、営業が担当するのは契約のときだけでした。私は、定着して長く勤め上げる人間を作っていかなければという思いから、新卒採用に踏み切りました。そして新卒者が次の新卒者の採用担当となり、さらに次の世代を作っていく。そうすることで、会社として保険加入者の方と一生のお付き合いをしていくことを目指したのです。

とはいえ、私たちのような規模の保険代理店で新卒採用に取り組んでいる会社はほとんどありません。一方、他の業界では、新卒採用を始めて、苦労しながらも組織を強くしていく姿があり、それらを目の当たりにした私は迷いなく実行に移しました。そうしなければ10年先、20年先はないという危機感がありました。

――個人プレーとはどういうことでしょうか？

一般的に保険業界は、個人の数字のみが評価されるケースも多く、売上に対してのパーセンテージで給与やインセンティブがほとんど決まります。そのため、営業担当が全て自分でマーケティングをし、販売して、顧客のケアを行うケースが多く、事務作業まであらゆることを完結させることが求められます。しかし、これら全てが得意という人はそんなにはいなく、どこかができないと会社から求められる売上や成果が上げられなくなり、離職につながるケースが多くあります。結果として定着し続ける人は平均してたったの５％です。

これに対し、当社は、考え方自体が大きく異なります。１人で全てのことを完結させる完璧人材を集めるのではなく、強みや秀でた能力をそれぞれが活かし、会社としてチームプレーで運営していこうという考え方です。よって新卒採用に取り組むという決断も、スキルを重要視したスキルフィットではなく、理念や想いに共感したカルチャーフィットした人材採用を行おうとしたことがきっかけです。

――社員の方たちは、新卒採用をどう受け止めましたか？

「新卒を採ります」と社内発表したときはハレーションしかなく、厳しい反応でした。でも、それは想定内のことでした。ぼくらの業界の人の採り方はヘッド・ハンティングです。あいつといいぞという情報を聞いて、口説き落とし、その瞬間の仕事をさせるのが一般的でした。

ですからまっさらの新人を育てるという風土はあまりありません。それでも新卒に接することで良い影響を受けてくれそうな社員から巻き込んでいきました。すると少しずつ、学生たちに接した社員は変化を見せました。フレッシュさ、純粋さ、熱意。学生のそんな素直さに触れ、既存社員が自分の初心を思い出し、会社に対しての想いが高まったように思えます。

当初は反対していた社員も、

「来年、新卒が入るんだから、会社のここはこうしなくちゃいけないんじゃないですか」

と言うようになりました。また、口に出すには至らなくても、みんなの行動に新卒の入社に備える意識が芽生え始めました。

――社内制度で、新卒採用を機に整備を進めたものもありますか？

あります。住宅手当などの手当、福利厚生などについて学生から質問が出て、「あ、そういえばないな」と。４月までに社内制度としてはかなり完成に近いところまでもっていけました。そのことはもちろん既存社員にもプラスになりましたし、さらに「これがないね」と見直しをする環境ができました。

理念を訴え、共有する起点に

――保険、金融を志望する学生に、大手ではなくＩＵを選んでもらうには理念のアピールが一つのカギとなるでしょう。積極的に理念、ビジョンを訴える機会が増えたので

は？

明らかに増えましたね。そして私自身、そこが大きく変わりました。人が働くということの要素を見つめ直し、いろいろな人と話しながら理念としてまとめていきました。創業した背景もそうですし、お客さんに対してこうしなければいけないということも理念を固めていくことで自分の中でクリアになっていきました。

しかし、なかなかシェアはできていませんでした。気恥ずかしいというか、サボっていたと思います。そこで「私が経営する理由」というものをパワーポイントで作り、それをマネージャーに見せたところ、「もっと早くこういうのを知りたかった」と言われました。

そこで、新卒に向けての説明会も理念や想いを中心にプレゼンしました（社員が同席）。採用後のアンケートで「理念が素晴らしくて入社しました」と書かれているのを読み、理念やビジョンを社内外に発信することの重要性を、身をもって体感しました。

――どのような経営理念ですか？

経営理念は「成長と安心をともに創造する」。ビジョンは「保険をインフラへ」です。今日、保険の世帯加入率は90％前後で、入っていない人はほとんどいない状態です。飽和状態にも思われますが、質を捉えていくと実はすごく低いのです。高度成長期、売りだけが先走り、サービスが伴っていませんでした。60歳、70歳で終わる保険を売っていて、「お父さんが亡くなって、30年かけていた保険のお金が出ない！」といった問題がたくさん起こっています。納品が遅い（保険会社が保険金を支払うのは遠い先であることの意）からいいやという売り手側の勝手で終わっていたのです。そんなことが許されるはずがありません。

起業して間もなくのころのことで今も鮮明に覚えているのは、ご主人が私より4～5歳年下（奥様はさらに年下）のご夫婦の保険契約をもらったときのことです。

「山崎さんの方が、先に死にますよね」

と奥様に言われ、とてもショックでした。その一言で、販売した私が死んだ後もちゃんとケアできる会社にしないといけないと痛感させられたのです。すなわち、質の高いインフラとして保険を提供できる会社でなければという思いからの経営理念であり、ビジョンなのです。

――学生の共感を得られましたか？

はい、これまでの保険の問題を一緒に変えていこうということへの共感を得られました。とくに学生の共感が強かったところは、ぼくらは保険の乗り合い代理店で、複数の保険会社の商品を取り扱っていて、お客様に最適の保険を提案できることです。

従来、お客様は保険を購入する際、比較検討することなく、この人いい人だな、この人の言うことを信じてお勧めの保険を買おう、ということでした。実際、よく分からないし、どれも同じようなものだろう、面倒だ、となっていました。しかし、医療保険、がん保険、死亡保障とあって各社保障内容は異なり、全て1社だけがいいわけではありません。しかも保障内容は毎年変わっていきます。かつて私は、自分が買いたくもない商品を、あれこれ理由をつけて、こっちの方がいいんですと言って売っていました。そうしないと給料にならない。それがつらかったです。

ＩＵは、消費者が判断するのが難しい保険を、ぼくらがコンサルタントとして相談に乗りながら組み合わせているんですよと学生には話をしています。かつて家にある家電製品は一つのメーカーで揃えられていた時代がありましたが、今やそういう買い方はしないのと同じです。

――理念を言葉にする中で、それを既存社員とも共有していくきっかけとなりましたか？

共有は進みました。ただ正直にお話しするとまだまだ発展途上の段階です。今までの保険業界にいい意味でも悪い意味でも染まっていますので、私を含めて変わっていかないといけません。ただ新卒は純粋であり、完璧に理念が浸透しています。ぼくもサラリーマン時代、社歌を歌ったり、理念を唱和したりすることは面倒だとか思っていましたが、今は理念の重要性に気づき、理念や行動指針に日々の仕事でも触れることがとても大切であると感じています。

新卒採用に取り組む不安は、アウトソーシングで克服

――初めての会社説明会など、不安もありましたか？

やはりありました。そもそもうちのようなできたばかりの会社の説明会に人が来るということが想像できませんでした。自分が新卒だったら、うちの説明会に行くかなと不安でした。

開いてみると1回目に8人の学生が来てくれました。すごく感動しました。ぼくらの気持ちをぶつけると、彼らはそのまま受け取ってくれました。

2018年の年初には新卒採用を決定し、2020年卒から開始しようとしたのですが、さらに採用環境が厳しくなることを見越して1年前倒しで実施しました。担当者として置いた社員は採用についてては未経験で、不安は大きく、しかも採用活動に100％の力を投入できる人間がいなく、アウトソーシングしました。これは自社に外付けの採用部門が設置できたようなもので、採用ノウハウゼロの当社が一気に採用レベルを加速化させられたとても大きな成果でした。当初の目標を大幅に上回って達成し、11人採用できたのはそのおかげです。また、最終選考に何人呼ばないといけないとか、それには

内定者は何人必要だとか、ゴールから逆算して指示を出すマラソンのペースメーカーのような働きをコンサルがしてくれたのも助かりました。中小企業の場合、今期何人欲しいとぼんやりと決めて採用したり、人が辞めたから広告出してみようかなとか、採れなくても、ご縁がなかったみたいなことでごまかしてしまったり、甘さがあります。しかし、人が増えないと売上が伸びることも、企業自体の成長もありません。そこを計画的にすることができたと実感しています。

――採用の成功要因は何ですか？

外部のコンサルタントが学生のメンターとなってくれたことが大きいですね。メンターが入ることで学生の生の声（本音）を知ることができています。「ちょっとここの会社と迷っています」とか「この部分が入社を決める上で正直不安です」とか。学生の本音を事前に聞き出し、それを解決するように、不安解消するための面接や面談で活かすことができます。

また学生が他社と比較しながら、うちに内定承諾を送るか悩んでいるところで、ＩＵ

という会社の魅力を第三者的に学生に伝えてくれています。そのメンターのサポートがなかったらこんなに採用できていなかったと思います。内定承諾したのは内定者13人の内11人とコンサルの方からも驚異的な承諾率だとお褒めの言葉をもらうこともできました。

起業に至る思い、採るべき人物像

――高い承諾率ですね。山崎社長の考えている層とマッチできたということですか？

うちは金融業界なので大手を受けた学生も多いのですが、大手とうちとでは採用の仕方は全然違います。機械的な選別をする大手に対して、ぼくらは試験もしなければ成績証明ももらいません。

「本当に成績証明を出さなくていいんですか」とよく聞かれました。

「人を見てあなたのことを知りたい」

と話し、大きな差別化となりました。また就職サイト上で金融業界には珍しいベンチャー企業であることを訴求することで、うちに興味を持ってくれるタイプの学生とそうでない学生と、すでに就職サイトの入口段階でけっこう分かれたと思います。ベンチャー志向の学生が集まり、そうする中で私たちが採るべき人物像が明確になってきました。

起業する前に私がいた職場は、営業はみんな一匹狼でした。「俺の数字」にしか目が向いておらず、隣の人が悩んでいても関係ない。成功事例のシェアも、失敗事例のシェアもしない。新人はいつ辞めるか分からないので接しもしない。１人ずつがガラパゴス化し、変なプライドだけついていきました。

そうではなく、各自の得意分野を結集し、相互に高めていける環境を作ろうというのが私たちＩＵという会社です。お客さんを守ろうという志をみんなが持ってきているので、既存の社員と新卒社員とで良い相乗効果を生みながら協力し合う強い部隊を作っていきたいと思っています。

飲食店・介護施設・学習塾の多業種経営企業の事例

全員が書く日報を深化、感動ストーリーを進化

株式会社プランズ

会社プロフィール

2006年、東京・新小岩で創業。社員16人、アルバイト55人。居酒屋を東京、千葉で7店舗、アジアで9店舗（内直営1）、介護施設を東京で2店舗、学習塾を千葉で2教室経営。

武市竜輔取締役へのインタビューより構成

——従業員の採用、離職などで抱えている困難はありますか？

実は離職では悩んでいません。採用は紹介が多く、採用の広告はオープニングのときだけで、その後は一度も出していません。13年間、社員の採用費はゼロです。アルバイトから社員になるという仕組みに特化してきました。

——どのようにして、それが可能になっているのでしょう？

楽しそうに働いている姿を見て、ここで社員になって働きたいと、惹きつけるのでしょう。共通の価値観、ビジョンがアルバイト時代から培われて社員になります。社員を採用しようとねらったわけではないのですが。

——共通の価値観、ビジョンがアルバイト時代から培われる仕組みとは？

アルバイトも含め全員が日報を書くようにしています。それをすることで成功も失敗も共有しながら価値観を共有していきます。

――アルバイトも日報を書くというのは、面倒くさがるのでは？

そうです。なので、その作業についても、アルバイトに対する評価や昇給基準にしています。創業当時はメーリングリストを使ってやってました。でも、仕事のメールが四六時中来るのもよくなく……。昔はできても今はできないですね。ＬＩＮＥを使うのもプライベートに入ってこられては……と嫌がられます。社員ならよくても、アルバイトには使えません。グーグルプラスを使ったこともありますが、一方通行なので書いて終わりになってしまうのです。

２０１７年にTHANKS GIFTを導入しました。それによって、プライベートと切り分けました。また、双方向なので、「参考になりました」「勉強になりました」などコメントが書けて、コインを送って反応できます。経営陣もコインを使うので、日報を書くモチベーションになります。

――THANKS GIFTの導入は、新しいことを始めたというより、これまでの取り組みの強化・深化を図ったということですね？

その通りです。日報は集計して評価し、毎月表彰します。表彰された日報にはノウハウが詰まっています。こういう失敗をしないように、こういう改善をしよう、というのがみんなの目に触れるのです。

もう一つ、10年以上前からやっている1か月の感動ストーリーというのがあります。来店されたお客様に感動されたことを発表します。以前は幹部の独断で選考していましたが、みんなで評価できるようになったのです。これは参加意識を高めます。選考は月1回の社員総会で行い、表彰状は店舗に帰った社員からアルバイトに渡します。そして感動ストーリーは全店舗でお客様に読んでいただけるようにトイレなどに貼ります。モチベーションは上がりますよ。

――介護施設や学習塾との連携はありますか？

飲食店で培ったホスピタリティを学習塾、デイサービスに活かし、強みにしていきます。介護は３時間入浴専門デイサービスに特化していて、利用者さんとのコミュニケーションや好みに細やかに対応しています。ヒアリングして、こう洗ってほしいという声に応え、スタッフで共有します。画一的なサービスになりがちな中、うちを選んでもらえるように努めています。

飲食店・保育園・介護施設の多業種経営企業の事例

「自分たちのお店」というマインドが全てのスタッフに醸成された

株式会社絶好調

会社プロフィール

2007年、東京・新宿で設立。社員60人、パート・アルバイト200人。居酒屋、レストラン、保育園、デイサービス施設などを東京、埼玉で経営。

吉田将紀代表取締役へのインタビューより構成

――人材の定着や従業員満足について、従来どうでしたか？

とくに悪いとか困っているという状況ではなかったです。とはいえ、もっときめ細かいコミュニケーションというか、現場でないと見えないような、社員・アルバイト一人ひとりの取り組みの評価をしたいと思っていました。飲食業界は社員だけでは成り立ちにくく、パート、アルバイトがしっかり活躍して、辞めずに根付いてくれることが、長く存続するための重要課題で、ものすごく大事です。

――具体的に、アルバイトも含めてどんな取り組みをしていますか？

経営方針書を作成し、それをもとに人材育成、理念浸透を図っているのが功を奏しているといえます。理念浸透については議題を立てて、営業前にアルバイトも含めてディスカッションをします。例えば、「夢とありがとうのあふれる社会をつくります」という理念に対して、一人ひとりどう思うかとか、どう活かそうかとか、社員もアルバイトも日々の営業の中で感じていることがあり、熱のこもった会話が生まれます。それによって理念は浸透していっていると感じます。自分たちのお店というマインドで全スタッフが仕事をしていて、お客様には、どの子がバイトか社員か分からないとよく言われます。アルバイトが社員になるケースは多く、30人くらいは社員になっています。

――頑張る社員、アルバイトに対して、評価はどのようにしてきたのですか？

今までは現場任せにしていました。しかし、それでは他の社員には見えにくく、よくないだろうということで、改善策として2018年1月に社内SNSのTHANKS GIFTを導入しました。それによって「ありがとう」を送り合うようになり、一人ひとりの活躍ぶりが視覚化できるようになりました。

――メッセージは、どのようなものが送られますか？

フォローをしてもらったことへの感謝のメッセージが多いです。また新企画への挑戦への称賛も多いです。デザートの工夫などささやかなものですが、みんな、さらに頑張ろうという気持ちになっています。

思いがけない発見だったのは、アルバイトから社員に感謝や称賛を送っていて、アルバイトの目線からの社員に対する評価というものも見えてくるようになったことです。またメッセージが残る分、より自信につながり、自分の強みを発見したり、やりがいになったり、今までなかったことが起こるようになりました。

――表彰なども行いますか？

表彰は全社員が集まったときにします。縁の下の力持ち的な人が表彰されるので、会社としてもいいのです。経営陣が気づかないことが浮き彫りになって、組織の活性化につながっています。

――「赤ちゃんからお年寄りまで、たくさんの人の笑顔が溢れる世の中をつくる」というミッションのもと、飲食店・保育園・デイサービスと多様な展開をしていますね。

全事業で相互の交流を始めています。例えば、飲食のメンバーが介護や保育の現場で食事を作ったり、介護や保育メンバーが研修で飲食店で働く際に、顔や名前も分からなかったメンバー同士がメッセージを添えて気軽に「ありがとう」と送り合えています。

お互いに発見があり、刺激になります。

――離職の低減につながっていますか？

数字としては出していませんが、感覚的には確実に離職は減っています。従業員満足度が上がっていることは、生き生きと、楽しそうに働いている姿を見ても分かります。「生き生き」の大きな要因は人間関係。そこがうまくいっているんですね。

飲食業の事例

アルバイトを続ける価値を感じてもらうオン・オフの取り組み

株式会社ヴィクセス

会社プロフィール

2010年、東京・渋谷で創業。社員40人、パート・アルバイト200人。居酒屋、焼肉店、ピザ店、バルなど東京、神奈川、新潟で20店舗経営。

中元孝太代表取締役へのインタビューより構成

――人材を揃えるということについて、まず聞かせてください。

今の時代、社員が採りづらくなっています。新卒の採用はめちゃめちゃ厳しく、５年前に比べてどんどん採りづらくなっていて、年に10人くらいです。そこで、今はアルバイトにシフトしています。社員を増やすのではなく、私たちがファミリーと呼ぶアルバイトの育成を方針としています。

――どのようにファミリーを育てるのですか？

店舗で日々、育成するとともに、「ファミリーサミット」というイベントを実施しています。社長と選抜されたファミリーと社員とで、自分の店を回り、良いところ、良くしていくポイントを見て、ディスカッションしていくのです。開始して1年半くらいになります。最前線で戦っているファミリーの子たちの声が聴ける貴重な機会です。彼らにとっても、社長と話をすることで違った観点で新たな学びとなっています。社長直々というのはインパクトがある。めんどくさがる企業が多いですが、もちろん、社長である私にとっても大いに学びとなるひと時です。

――そのほかには、いかがですか？

ファミリーと社員に感謝を伝え、称賛するツールも必要です。以前から手紙は取り入れていて、今もやっています。それに加えて、時代に合ったかたちがやりやすいだろうということで、社内SNSのアプリTHANKS GIFTを4年前に導入しました。みんなが見られる、共有できる社内SNSを通じて社長からの言葉を伝えることができ、また「ありがとう」が飛び交う文化を形成するために有効だと思います。

――「みんなが見られる」ことの効果とは？

「感謝」はクレド（企業の価値観や信条、行動規範などを表現した文言）に入っていて、それを浸透させることが大きいです。その効果を数値で測れるものはないのですが、年1回、全員が集まるイベントを開催していて、いちばん「ありがとう」を送られた人・チームを表彰します。ファミリーは現場で働いてもらって、頑張ってくれていますが、なかなか会社から称賛される機会はないです。なんとか「ありがとう」を「見える化」

したい。グループの他の店舗との交流も図れます。そうすることによって、みんなでいい会社にしていくということです。

――楽しく惹きつける企画も大切ですね。

楽しくなければ会社じゃない。オン・オフを明確に。それがヴィクセスらしさです。スポーツ大会もします。高校時代は部活などでスポーツをやっていたのに、やらなくなってしまった子たちに、その機会を提供しています。ツーリングに行ったり、麻雀をやったり、大人のサークルに近いイメージの企画もあります。今の子はノッてくるのか？と思うかもしれませんが、意外にノッてきますよ。

オンでもオフでも、いずれもイベントはとても大事です。感謝を伝え、称賛し、みんなを笑顔にします。卒業式をやったり、社長がバンドをやったり、みんなが踊ったり、パリコレならぬヴィクコレでかわいい子、カッコいい子を選んだり、ふつうに学生生活をしているだけでは、おそらく味わう機会のないだろうことをいろいろと用意するのです。そうすることで、うちでアルバイトを続ける価値を感じてもらっています。こういう取り組みをしているので、採用には困っていません。

飲食業の事例

なりたい自分を目指し、会社と共に成長する「ミッション・リンク」

株式会社 Elevation

会社プロフィール

2002年新潟に居酒屋を出店、会社設立は2009年。社員14人、アルバイト43人。新潟市内で3店舗を経営。2018年、第13回居酒屋甲子園（1766店舗出場）で優勝。

山崎聡代表取締役へのインタビューより構成

――アルバイト、社員はどのようにして確保していますか？

飲みに来ていてアルバイトになるというのがいちばん多いです。採用で困ることはないです。「憧れ」をキーワードに、「あなたの働く姿でお客様を魅了して、あなたと働きたいを獲得する」ということで、同世代のアルバイトがコミュニケーション高めの接客をします。もし、「こうなりたい」というのがあればアプローチをかけてくるものです。そうしたら即行、「全員人事部」ということで採用に向けて動きます。「学びたい」「好きだから」ということでアルバイトをしている学生がほとんどです。２０１８年は年間50人ほどアルバイトが来て、５人が社員になりました。アルバイトから社員になるのがベストの流れだと考えています。

――飲みに来るのと、そこで働くのとでは違いますよね。くじけてしまったり、すぐ辞めてしまったりしないんですか？

くじける子もいますが、僅かです。今の子はすぐ辞めちゃうんじゃありません。今の子は本当にめちゃくちゃすごくて、18歳から25歳は宝の山ですよ。大人たちが見方を間違えているだけで、若者たちは何のために働くのかが分かった瞬間、めちゃくちゃ能力を発揮します。

――しかし、世の中では離職率の高さが課題になっています。

仕事しか教えなかったりするので、何か違うなと感じて、彼らは辞めてしまうのです。そこらへんを助けるだけで全然違ってきます。仕事を通じてなりたい自分になる。会社のためにやったことが自分の成長のためになって、自分の成長のためにやったことが会社の成長のためになっている。それなら最高じゃないですか。「ミッション・リンク」という言葉を使って、私たちはこれをかたちにしています。

――社内ツールは使ってきましたか？

'Take Action' の 'THANKS GIFT' を使っています。スタッフ同士が送り合う「ありがとう」の中に、社内共通言語をどんどん使っていて、アルバイトは「あ、この言葉にはこういう意味があるんだ」と理解を深めていきます。そうするとお互いに働きやすくなるのです。「オペレーションフォローありがとう」「ヘルプありがとう」「あのとき、ドリンクの返事良かったよ」などなどスタッフ同士で自然にやりとりしてくれます。声が出せなかったら、「ああいう声を出すと、お客さん気持ちいいよね」。これがこの会社で大事なことなんだと分かる。やるといいことと、良くないことが分からない、というのは不安です。それがクリアになり、ひいては、理念浸透も図れます。

――仕事を「志事」と書いていますね。

仕事を通じてなりたい自分になってほしい。そんな思いを込めています。各自の成長が会社としての評価のポイントになっていきます。

会社のビジョンとしては、事業展開でいえばイケイケどんどんで出店を増やしていくつもりはないです。そうすることに意味がまだ見出せないのです。理念に沿っていい会社を作っていきたいというだけです。いい会社とは、みんなの価値を高められる会社。従業員にも、お客様にも、お取引業者様にも、町にとっても、この会社があって良かったと言われる会社です。

――理念というものを創業当時から意識していたのですか？

いいえ、「理念」は大企業がやることだと思っていました。はじめはイケイケどんどんで繁盛していましたが、何のためにやっているのか分からなくなって、売上が下がってきました。再生しようにもやり方が分からない。気持ちが折れたままでした。そんなとき、仲間に紹介されたのが居酒屋甲子園でした。そこで衝撃を受けたのが愛知と東京で店を出している赤塚元気さんでした。理念を軸にチームビルディングしていて、「何じゃこりゃ」と。そして強烈な憧れ。こういうチームを作りたい、こういう会社にしたいと。

――既存メンバーのベテラン勢が、心機一転、理念・ビジョンを共有していくというのは難しくないですか。新人ならともかく。

めちゃくちゃ難しいです。それまでのメンバーは面白いやつが揃っていましたが、バラバラというか、脳みそがいっぱいある感じでした。それぞれ俺はこれがいいと思っているだけで共有することもなく、やりたいことをやりたいやつが適当にやる。ベクトルも何も合っていない。今振り返ると、そういうことです。

――どうやって理念共有を図ったのですか？

ベクトルを合わせようとする中で派閥も生まれました。辞めるメンバーも続出。それでもやり続けたから突破できました。改革に痛みは伴います。痛みなしに改革している会社は、ぼくが知る限り、一つもないです。何となくでやっちゃだめ。腹にためて終わった後に、あれ違うと思うんだけどとか言うのも嫌なので、会議の場でケンカして。そういうことを経て、今は、思いを共有する場を増やし、何を思っているのかを言う場づくりを大事にしています。そうでないと理念共有はできませんから。

飲食業の事例

年々事業拡大の中、
きめ細かな面談、
ビジョン共感への取り組み

株式会社フレスカ

会社プロフィール

1996年、岡山市で設立。従業員数900人（パート・アルバイトを含む）。居酒屋、焼肉店など岡山、広島、兵庫に26店舗を経営。

丹下浩昭人事部長へのインタビューより構成

――事業が年々拡大し、900人もの従業員は、どうやって定着を図るのでしょう？

新入社員については、不安をなくすためのメンターをつけるブラザー制度を設けています。また、面談に力を入れ、新入社員には月に3回実施しています。それぞれ面談者が違って、店長、マネージャー、人事部が行うという取り組みを2016年から導入しています。

――きめ細かく行っていますね。成果はどうでしょう？

新入社員の離職はゼロになりました。以前、面談は月1回でしたが、同列の営業ラインの人間が面談すると、言いづらいこともあります。そこで他部署の人間が話を聞く機会を設けたのです。すると、実は店長とうまくいっていないんです、などの話も出たりします。それを店長、マネージャーに伝え、ワークショップを行うなどして問題の解決にあたります。

入社2年目以降は、人事部の面談は必要に応じて行います。それ以前も離職率は低かったのですが、面談によって大きく改善されています。

――研修やイベントはいかがですか？

新入社員は毎月1回、同期を本社に集めて研修します。2年目以降の社員は役職・階層ごとに3か月に1回の勉強会で悩みを出し合います。ガス抜きの効果もあります。また、年に1回、社員研修旅行で階層関わりなく集まります。

方針発表会には2018年度からアルバイトも参加しています。フォーラム形式で、会社を挙げて表彰をします。店舗予選から始まって、本番のフォーラムでは各エリア代表4店舗のアルバイトが登壇します。

この他、アルバイト中心のスポーツ大会もやっています。「関わる全ての人の幸せを最大化する」というのが会社の理念です。仕事ができればそれでいいのではなく、人生を謳歌できることを大切にするという考え方です。

――理念・ビジョンへの共感に向けた取り組みもありますか？

アルバイト、社員の満足度調査を年2回実施し、各店舗・職場のモチベーションや帰属意識、ビジョンの浸透などについて課題抽出と改善を行っています。
ビジョンへの共感は、勤務年数が長い従業員は高止まりで安定していますが、そうでないと、上がったり下がったりもします。下がったときの手立ては社員とアルバイトでは異なります。ある程度経験を積んでいる社員が、例えば将来について行き詰まっているとしたら、飲み会など少人数での本音を聞く場を設けます。ふだんはあまり顔を合わせる機会のない本部の人間が会社の現状も伝えながら、本人が今何をしたらいいのかを見出していくのです。
アルバイトについては、まず店舗ごとの傾向が数値として表れます。それを踏まえながら月1回の店舗ミーティングと個人面談でフォローします。この取り組みの中で、3～4年前に THANKS GIFT を導入しました。

――感謝を伝え合う仕組みを刷新したのですか？

もともと各店舗で紙ベースの「ありがとうカード」を導入していました。課題は、実施状況、浸透度が店によってばらつきがあったことでした。理念・ビジョン共有は、社員に対してはできていましたが、増えていくアルバイトには浸透が進まないのが課題でした。その解決策としてTHANKS GIFTを導入しました。若い人が遊び感覚でやりやすいのです。

社員、アルバイトの早期退職は肌感覚では減っています。アルバイトがアルバイトを紹介し、２０１８年はアルバイト全体の約40％が紹介で入ってきました。意図したわけではありませんが、いろいろな取り組みの結果として採用コストが抑えられています。

美容業の事例

活躍を共有する。グループ会社の社内SNS活用成功を機に導入

株式会社アッシュ

会社プロフィール

2006年、横浜市で設立。従業員数約1400人（グループ全店、2018年）。東京、神奈川を中心に美容室127店舗（直営20、FC107）を経営。

米山実取締役副社長へのインタビューより構成

――美容室を多店舗展開する中で、スタッフの気持ちをまとめていくのは、経営課題のひとつですね。

私たちのグループ会社である関西のニューヨークニューヨークが近年、社内ＳＮＳのアプリ、THANKS GIFTを導入しました。ニューヨークニューヨークは京都、大阪、兵庫、滋賀に31店舗を展開していて、導入によって、スタッフ同士がお互いの活躍に感謝を伝え、また応援し合い、成長の喜びを分かち合う思いが見える化しました。そこでアッシュでも定着を目的として２０１８年に導入しました。導入したのはアッシュの直営店（20店舗）と、のれん分けのフランチャイズ３社です。

THANKS GIFTは、いろいろな「コイン」というものを設定できるということで、「ありがとう」「チームワーク」「情熱」「サポート」「努力」「チャレンジ」「リーダー」「スピード」「ハッピーバースデー」「ＭＶＰ」「おめでとう」の各コイン、そして「会長」コインを揃えました。

――社内ＳＮＳを取り入れて、手ごたえはいかがですか？

スタッフが多いので、どういう子がどういう活躍をしているのか、見えづらかった部分が見えるようになったのは、思っていた以上の成果でした。チャンスを与えてあげようと常々思っているので、これはいいですね。

コインをたくさんもらったトップのスタッフたちは創業者との食事会に招かれます。スタイリスト部門、アシスタント部門から合計15人ほどです。これを4か月に1回開催します。それが表彰式に相当します。

――選ばれると、モチベーションが上がるのでしょうね。

そうですね。ただ、次に表彰されるのは、また新たな顔ぶれです。今は、そうやっていろいろなスタッフが機会を得ているところです。より良く運用するにはどうしたらいいかを検討中です。

こうした社内SNSによる情報共有と、あっちも頑張っているから、こっちも頑張ろうというように刺激し合うことは、多くのグループを持つ会社にとって必要なことといえます。

物流業の事例

マニュアル・チェックリストと分かりやすい評価で定着が向上

株式会社関通

会社プロフィール

本社・東大阪市、1983年に個人営業開始、1986年に有限会社軽サービス設立、1996年株式会社化。関西・首都圏に約20拠点、従業員830名。

営業部松井成公氏へのインタビューより構成

――人材定着を実現する手法とは？

採用は毎年約50人です。とくに高卒に力を入れ、大卒は1～2割。パートの採用も多く、紹介制度を導入しています。年に100～150人のパートを採用するうちの3～4割が紹介で、紹介者には手当を支給しています。

人材の定着のカギは、分かりやすい仕事と分かりやすい評価です。新人はミスをするとやる気をなくしてしまいます。そこで、当社は仕事を簡潔化して、作業手順をシステムに落とし込み、マニュアル・チェックリストを作っています。それがあれば、誰でも正しい仕事ができるのです。

このチェックリストは社内用に開発したのですが、「あの人にしかできない仕事をみんなができる仕事に」を謳い文句に「アニー」の名称で外販し、好評です。人に振れない仕事で月に1人40時間も残業していたけれど、その人の頭の中にしかないものを誰でも見えるかたちにしたことで、残業時間を大幅に減らすことができ、結果的に定着につながったという例や、教育に1年かかっていたけれど、最短で1か月でできるようになったという例など、定着、離職率、教育、引き継ぎなどに悩む企業のニーズにお応えしています。

――理念経営はどのように実践していますか？

当社は物流支援会社です。倉庫での配送が主な業務で、年間400社、累計1000社の物流とその改善に携わってきました。理念としているのは、お客様・会社・従業員のメリットが一致する経営です。経営計画書は中長期の計画と会社の考えを一つのかたちにして従業員全員が見るようにしています。在庫管理やお客様からのクレームがあったときの方針なども書かれていて、現場はブレずに対処することができます。上司によって言うことが違うということがないのです。

出荷するときに数量を間違えた、商品を間違えた、というミス（事故）を減らしていく教育の仕組みとして事故報告アセスメントというものを実施しています。２週間に１回、テレビ会議を使って全社で事故の内容、対策、解決について共有し、社長からアドバイスを受けます。そうすることで自分の現場で起こりそうな事故を未然に防ぎ、こっちのセンターで起きた事故が他のセンターで起きないように、パートも含めて事故予防意識を浸透させていくのです。

そして評価については、毎月、上司と面談し、自分の仕事について、できるようになったことを点数化していきます。評価の基準が明確で、点数を多く取れば賞与も増えます。ポイント制のような、誰にでも分かりやすい評価の制度です。

このようにして、お客様・会社・従業員のメリットが一致する理念経営を実践しています。

――チームづくりについて教えてください。

各拠点の担当顧客やフロアごとに少人数（最大5人）のチームを設けています。10年前は従業員が60～70人でしたが、今は８００人を超える規模です。これでは一人ひとりの動きが見えなくなります。そこで、小さいかたまりを作ることで全員の動きが見えるようにしたのです。そうしてチーム単位で環境整備活動に取り組んでいます。環境整備とは、仕事をやりやすくする環境を整える活動です。例えば、棚の整理や床を磨くなど、就業時間中に1日30分、チーム単位で一つのことをします。大事なのは、黙ってやらず、べちゃくちゃしゃべりながらやるということです。そして無事故に対して支給するチームでのランチ代（1人1500円）のご褒美が喜ばれています。

――感謝を伝える仕組みはいかがですか？

10年前から感謝を伝えるカードは取り入れていました。たとえば、パートさんに「今日、アメちゃんくれてありがとう」とか。でも、紙でのやりとりはだんだん廃れていき、他のセンターの人に送ろうと思っても送れないことなどから廃止としました。

スマホでどこへでも「ありがとう」を送れるアプリは社長が導入を決めました。誕生日が表示されるので、身近でない人にも「おめでとう」を送ることができるなど「ありがとう」の気持ちを伝える幅が広くなりました。また、他の人たちのメッセージやコインのやりとりを誰もが見ることができます。あるパートさんが社長に向けて送ったメッセージは感動的でした。こういうツールでなければ見ることはできず、見る人はモチベーションが上がります。

第2部

エンゲージメントに基づく経営戦略

第7章 定着に必要な10要素とは

改革は組織の健康状態を把握することから始まる

第5章では日本企業のエンゲージメントレベルが極めて低いというデータを紹介しました。本章では、あなたの会社について見ていきましょう。

健康診断や人間ドックなどで自分の身体のどこが良好でどこが悪いのか、どこを改善しないといけないのかが分かります。同様に組織も改善に着手する前に現状把握が欠かせません。

現状把握の方法は、働く個々人の状況を確認するやり方もありますが、プライバシーを聞き出すのは今の時代適切ではなく、本音を引き出そうとしても、そもそも聞き出せるか疑問です。そこで、チーム全体としての状況をできる限りありのまま把握するという観点から、診断を受ける側（従業員）が匿名アンケートに答えることでチームの状況把握が可能になります。こうした考え方に基づき、当社は毎月のエンゲージメントアンケートで定点観測をするアプリのサービスを開発・提供しています（図17）。

一つの事例として当社のアプリではどのようにアンケートを実施するのか、ご紹介します。

対象となる従業員一人ひとりのスマホ画面にアンケート項目が表示されます。発信者が特定されないことをあらかじめ伝えておき、自分の気持ちを表す表情のアイコンを押します。

定点観測を開始するにあ

図17 毎月のエンゲージメントアンケートで定点観測するアプリ

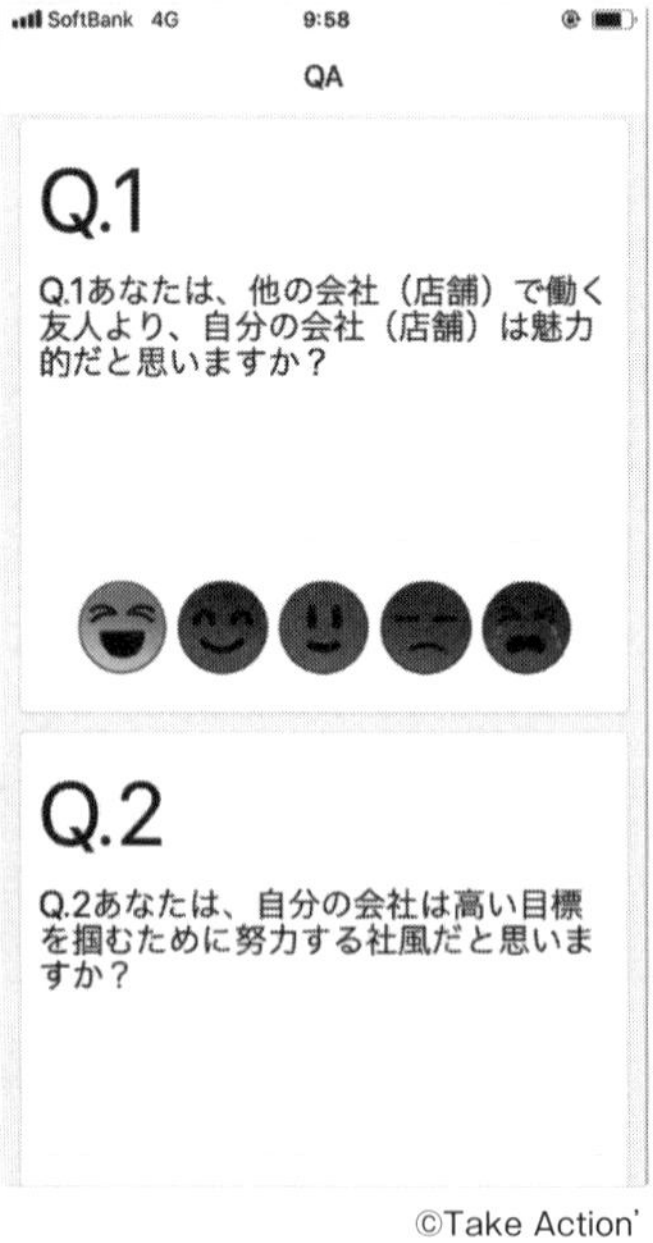

©Take Action'

たってアンケートを実施し、現時点のエンゲージメントスコアを計測します。導入して3か月目、半年、1年後に同じ内容で実施し、どんな改善が見られたか、カテゴリー分けされた10の要素ごとに分析検証していきます。どうやって改善をしていくのかその具体的施策もアドバイスしていきます。

このサービスは現状把握をしやすくし、改善すべきことを具体化する、というものです。システム導入前なら、アナログな方法（例えばアンケート用紙を従業員に配付するなど）でも可能です。まずは実際にやってみること。それが従業員エンゲージメントアップの第一歩です。

ダイエットと同様、定点観測が大切

従来からエンゲージメントを測定するツールやモチベーションを測定するサーベイ、従業員満足度を計測するシステムなどは多数ありました。ただ、多くは半年に1回、年に1回の実施で、何十、何百といった設問にユーザーが回答し、その計測結果をもとに次は半年後あるいは1年後に実施するといったもので、きめ細かな定点観測とは程遠い内容でした。

私たちが考える計測は人間ドックというより毎日乗る体重計のイメージです。どういうことかというと体の隅々まで調べ上げて検査する人間ドックも大事ですが、毎朝、体重計に乗ることを習慣化するように、組織においても簡便・気軽に短いスパンで定点観測することが重要だと思っています。ダイエットを本気でするのであれば、毎日体重計に乗ることが必須のように、組織の定点観測は1か月に1回。ユーザーは1〜2分で回答できる内容で、常に細かな変化をチェックしていきます。それは組織においてエンゲージメントは本当に水物で、売上によって左右されたり、顧客との関係性、チームのメンバーや上司や部下が替わったりすることで常に変化するからです。中長期でしっかりと計測することよりも、比較的短期で小まめに計測することで、早期の対策をとることができますし、従業員に対しても、会社がそれだけエンゲージメントに真剣に取り組んでいるという姿勢が間違いなく伝わっていくと思います。

定着・活躍に不可欠な10要素

私たちは「定着」をキーワードに採用支援や定着活躍支援を行っています。定着というのは非常にいろいろなことが絡み合って、定着する理由（辞めない理由）、定着しない理由（辞める理由）が、それぞれあります。そこで当社では10のカテゴリーを設けてアンケート機能を充実させ、自分たちの組織のどの部分がストロングポイントで、どの部分がウイークポイントかを判断できるようにしています（図18）。

図18の①〜⑦の項目は、先ほど紹介したアプリなどで提供されるリービスによって解決でき、あるいは改善に継続的に取り組むことが可能です。

一方、⑧〜⑩の項目については、自社で是非逃げずに取り組んではしいことと当社では位置づけています。

図18 Take Action'が掲げる定着に必要なエンゲージメント10要素

❶ やりがい・職責
→仕事に対しての責任感を持ち、やりがいを感じられているか

❷ 成果・成長
→成果を掴み、自分自身が成長を感じられているか

❸ 協力体制・支援
→仕事内容や成長への支援を会社や上司、仲間から受けているか

❹ 人間関係
→上司、部下、仲間、お客様との良好な人間関係が築けているか

❺ 承認
→成果を出した際の承認する文化が会社にあるか

❻ 理念、ビジョン
→理念を実践し、未来のビジョンに共感しているか

❼ 企業文化・ルール
→会社の風土、ルールを皆が共通価値観として持っているか

❽ 待遇
→給与、福利厚生、労働時間、社内環境に納得しているか

❾ 評価
→会社から、上司からの評価が公平であり、納得感があるか

❿ 健康
→健康状態は良好か

©Take Action'

具体的に何をすればエンゲージメントが良くなっていくのか

定着に必要なエンゲージメントとして当社は10の要素を提案しています。さらに当社ではそれぞれを3つの項目にブレイクダウンして、合計30項目を設定しています（図19）。

10の要素と30の項目は複雑に関わり合っています。

例えば、「②成果・成長」の「達成感…達成感を得られているか」が実現できているからこそ、「①やりがい・職責」の「やりがい…仕事を通じてやりがいを感じているか」につながります。また、「⑤承認」の「成果に対しての承認…成果を出した際に会社や周囲は承認してくれているか」があるからこそ、①の「やりがい・職責」にあるやりがいを感じられるのです。

このように10の要素とそれに附随する30の小項目は相関関係を持ってエンゲージメントを構成しているのです。次章では、10要素を一つひとつ見つめ、自社のエンゲージメントアップに役立てていきましょう。

❼企業文化・ルール
・挑戦できる風土…チャレンジできる風土があるか
・ルール順守…組織内のメンバーがルールを順守することで、公平性・安心感を得られるか
・目標達成文化…組織やチーム内に目標を達成するための文化があるか

❽待遇
・職場環境…働きやすい職場環境か
・給与の納得感…自分の成果や会社の貢献度に対して給与に納得しているか
・労働環境…正当な労働時間や労働環境があるか

❾評価
・公平性と納得感…評価に対して、公平且つ納得感が得られているか
・キャリア機会…評価に応じて自分のキャリアや成長できる環境があるか
・評価制度の理解…会社が何を重要視して、何を基準に評価しているかという指標が分かるか

❿健康
・健康…仕事をする上で必要な健康状態を保てているか
・ストレス…ストレスや重圧で潰れないようにガス抜きができているか
・休日、リフレッシュ…リフレッシュする休日をしっかりと取れているか

図19 定着に必要な10要素を小項目に分解

❶やりがい・職責
・やりがい…仕事を通じてやりがいを感じているか
・仕事内容への満足感…仕事内容に満足しているか
・裁量、権限…仕事を進めていく上で職責を果たす裁量があるか

❷成果・成長
・達成感…達成感を感じているか
・成長機会…仕事を進めながら、経験・能力を高められるチャンスがあるか
・フィードバック、気づき…成長につながる気づきを会社や上司から与えてもらっているか

❸サポート・支援
・成長支援…成長を促進するサポートがあるか
・期待、目標の明示…チーム、部署の方針や目標を理解できているか
・仲間からの支援…自分が困ったときに周囲は助けてくれているか

❹人間関係
・上司…上司と信頼関係が築けているか
・仲間・部下…仲間、部下と信頼関係が築けているか
・目標達成への結束…与えられた目標に対して一致団結して達成しようと行動する組織か

❺承認
・成果に対しての承認…成果を出した際に会社や周囲は承認してくれているか
・成長に対しての承認…成長実感を得るために承認する環境が会社にあるか
・発言、意見…職責を果たすための発言や意見が言いやすい、通りやすい環境か

❻理念・ビジョン
・理念、ビジョン…自社の企業理念、目指すビジョンに共感しているか
・価値観、考え方…行動指針や会社が大切にしている考え方に共感しているか
・社会的意義…自分たちの会社やサービスに社会的意義があるか

第8章 徹底実践、エンゲージメントアップ

前章で紹介した定着に必要な10要素を一つずつ見ていきましょう。あなたの会社のエンゲージメントアップの参考にしていただければと、私たちが開発・提供しているサービスや自社で実施していることなども織り交ぜました。10要素を実践的に活用していただければと思います。

①やりがい・職責

《顧客からの喜びの声がエンゲージメントに大きく影響する》

人がやりがいを感じるのにはいろいろな要素があります。みなさんも経験があると思

いますが、お客様からの喜びの声やお褒めの言葉で自分の今までやってきた仕事へのやりがいや喜びを感じた人も多いのではないでしょうか。それはエンゲージメントと相関性が高く、図20のように1位という結果も出ています。

例えば、飲食店で働いているある人は、朝は料理の仕込みから、夜はお店が閉まり、片づけを終えるまでの深夜勤務であったとしても、お客様からの「ありがとう」の一言や、お客様とのやりとりを通じて感動なり満足感を得た体験によって、自分の提供している商品、サービスに自信と誇りを持てるといった結果が出ています。

②成果・成長

《成長させるために小さな成功体験を積み上げる》

当社には、部下を成長させるための、上司とし

図20 社員エンゲージメントと相関性が高い内容

	内　容
1位	顧客に提供する体験的価値への自信
2位	成果創出に向けた効果的な組織体制
3位	自社におけるキャリア目標達成の見込み
3位	生産性を高めるための環境整備
5位	やりがいや興味がある仕事を行う機会
6位	仕事を進めるための十分な人員の確保
7位	一個人としての尊重
7位	自社の戦略と目標に対する信頼感

出所：コーン・フェリー（米）、社員エンゲージメント調査

てのマネジメントルールというものがあります（図21）。その中で、部下に「成功体験」を積ませることを大切な上司の仕事としています。受注や契約、目標達成という大きな成功はもちろんですが、小さな成功体験が重要であると、私は感じています。

大きな成果をつかむための指標にＫＰＩ（Key Performance Indicator「重要業績評価指標」）があります。経営には様々な業績評価指標が使われ、その中でもＫＰＩは「キー（重要）」となる指標で、目標の達成に向かってプロセスが適切に実行されているかどうかを計測する役割があります。このＫＰＩの達成も小さな成功体験の一つとしています。

そこで私たちは自社サービスでもある称賛し合うアプリ、THANKS GIFTを活用し、従業員同士や上司・部下の関係の中で、褒めるに値する行動や成果をつかんだ人材を称賛し、また達成したい、承認されたいという意識を促すことをねらっています。

もしかしたら、40代、50代の経営者の中には、

「仕事って、やるのが当たり前。褒められるためにやるもんじゃない」

「仕事は結果が全て」

「最近の若い人は承認欲求が高すぎて、常に水を与えないと自走しない」

そう思う方もいるかもしれません。

いろいろな経験や体験がおありの中で、そういった気持ちを抱くのも分からなくはありません。ただ、大きな成功（成果）は、その間にあるプロセス（私たちは、結果点と呼んでいます）の達成、もっというと小さな成功体験の積み上げでしか成し得なく、それを補助し、サポートする環境づくりも経営者やマネジメントの役割のように感じます。

誰でも新しい仕事にチャレンジするときや、入社したばかり、配属されたばかりであれば、この会社、この仕事に馴染めるのか、成果を上げられるのかと不安でいっぱいです。そうした状況で、上司としては、部下に成果をつかんでもらうような適切なアドバイスをすることや、適切なＫＰＩの設定をすることはとても重要です。

小さな成功体験を積むことで部下は自信を獲得しますし、その上でより高い目標やより高い成果を求めるようになります。人は「やりたい仕事だから楽しい」のではなく「結果が出るから仕事が楽しい」と感じるのです。レベルが上がっていくごとに、少しずつ仕事のハードルを上げていき、部下に対して少しだけ実力以上の目標（全力を発揮

図21 上司としてのマネジメントルールと心構え

● 上司としてのマネジメントルール5

半年に１回の評価項目にもなっています。日々意識し、行動してください。

【成功体験】

小さな成功体験を継続的に積ませる。目標達成に向けて部下が前進している成長を体感させる

【人材育成】

教えるのではなくその人材を活かすことを最優先し、次世代のマネージャーや幹部を育てることができる

【指示命令責任】

上司の期待すること（指示）に対して、部下に100%行動させる

【成果の為のKPI】

日毎のKPIを管理する（成果を掴むため、目標を達成するために不可欠な行動量を毎日継続的に実行させる

【夢と目標の共有】

会社に貢献することを大前提に、個人の夢と目標を共有し、実現させる

● 上司の5つの心構え

①自分の今と比較しない

→自分にも部下と同じ新人の時期があったことを認識する

②細かくしすぎない

→部下が、お客様ではなく上司の目を気にするのは危険信号

③注意や指摘は、一度飲み込む

→本当に今言うべきか、一度落ち着いて言わずに飲み込む

④部下のミスは上司の責任

→結果を怒るのではなく、対策を考える

⑤相手の心のコップを上に向ける

→コップが下を向いていたら何も入らない。部下から尊敬や信頼を得てから想いを伝える。信頼関係がないといくら正論を言っても人はついてこない

して届くような目標）や仕事を常に与えていきましょう。最初は無理と思い諦めていた仕事も積極的に取り組んでくれるようになります。

《世代間で起こる「欲求」の違いを理解する》

今、経営者やマネジメント世代と20代とでは求めることが大きく違うなと痛感しています。その世代間のギャップが、３年で３割が離職するという悲しい現実を引き起こしていると思います。

40代、50代の経営者やマネジメント世代に聞くと「最近の若い者は忍耐力がなくて弱すぎる」とか「俺らの時代は先輩に怒られても歯を食いしばって頑張ったもんだ」など、最近の若い者は……というのが定番のフレーズになっています。本当に最近の若い人は忍耐力がなかったり、弱いのでしょうか？　時代の違いや日本が裕福になったことなどを踏まえると、多少はそういうこともあるのかもしれませんが、私が最も重要視するのは世代間の欲求の違いです。もう少し平たく言えば、欲しいもの、得たいものが変わってきているのだと思います。

例えば、高度成長期（1960年代）を背景とする世代は、家や車、豊かな暮らしなど、お金で買えるものを求める「物欲世代」です。

それに対して20代は「承認欲求」がとても強いのです。人に褒められたい。周囲に承認されたい、周りに評価されたい、人の役に立ちたいという、自分の存在意義を求める「承認欲求世代」だと思います。その価値観の大きなギャップが世代間ギャップとなっている気がします。面白いことに当時流行っていた漫画からもその時代背景が推測できます。

子ども時代、それぞれの世代がどんな漫画・アニメで育ってきたか。それを振り返ってみると、それぞれの心のよりどころ、世界観のようなものが浮かび上がってきます。

高度成長期の1960年代末～1970年代前半に登場した少年漫画の『あしたのジョー』『巨人の星』、少女漫画の『アタックNo.1』『エースをねらえ！』などはスポ根（スポーツ根性）漫画の象徴です。ボクシング、野球、バレーボール、テニスと人気のスポーツを舞台に、主人公たちが血のにじむような努力をし、スランプから脱して成長していく姿に子どもたちは自分を重ねていたそうです。

そこに描き出されている「スポ根」の世界には次のような共通の特徴があります。

1．師匠がいて弟子がいる。強固な師弟関係がある。
2．ハングリー精神。ライバルに打ち勝つ不屈の精神。
3．押さえつけてでも教え育てる。
4．キーワードは「忍耐」「根性」「義理人情」。

部活中に水を飲むと怒られた。そんなことが当たり前に行われていた時代だったわけです。不合理なことが、疑問を持たれることなく続けられていたわけです。あるいは、疑問に思っても言えない空気があったとも想像でき、それが「スポ根」の背景といえます。今は、まったくその逆ですね。

これに対し、今の若い人々は『ONE PIECE（ワンピース）』です。ワンピースは「週刊少年ジャンプ」で連載開始になり、コミック版の累計発行部数（約３億２０００万部）で２０１５年にはギネス世界記録に登録されました。

さらには『キャプテン翼』『スラムダンク』『ドラゴンボール』（いずれも「週刊少年ジャンプ」掲載）などにも共通するものがあります。

1．周りに応援されるリーダー。ちょっと頼りないけど、だからこそみんなが助けたくなり、応援したくなる。
2．様々な能力を持つ仲間が集まってくる。
3．それぞれのキャラで価値観は違う。けれど夢や目標は一緒。
4．キーワードは「仲間」「夢」「挑戦」「共に」。

スポ根からプンプン臭ってくるものとはずいぶん違います。40代、50代のマネジメント世代のみなさんに、ワンピースを愛読している世代が何に価値を感じて仕事をしているかを知っていただきたく思っています。

③サポート・支援

《部下の成長を支援する》

よく1on1ミーティングや面談をしている会社がありますが、そのルールやゴールを設定せず、なんとなく面談をしている会社も多くあります。良いポイントを肯定しながらも、上司が期待していることを伝え、ここが不足しているという点をしっかり指摘することが必要です。フィードバックは、仕事に取り組む部下の心境やモチベーションを左右し、上司と部下の信頼関係にも大きく影響します。

あくまで上司が部下に期待することを伝える場であり、部下が成果をつかめないのであれば、打開のヒントになるよう現状を聞くことが目的です。お前のここが悪いとか説教になってしまうのは最悪です。ここでは、部下の心境も行動も前向きにするフィードバックのポイントをご紹介します。

《褒めることと指摘のバランス》

褒めて承認するフィードバックは部下の承認欲求を満たします。部下は認められているという認識を持ち、やる気のきっかけとなります。しかし、褒めるだけ、承認のみのフィードバックでは、部下を成長させるための要素に欠けてしまいます。

反対に指摘が多すぎても、承認されていない、認められていないと認識し、面談が逆効果に働くことも少なくありません。指摘することは、それ自体が目的ではなく、変わってもらうことや不足している点に部下が気づき、改善しようと思うことがねらいなので、伝え方がとても重要です。

フィードバックには、上司が部下に対して期待していること、求めることと現状とのギャップを伝え、成長を促すという役割があります。部下のためにも指摘をポジティブに捉えてもらえるように心がけることが大切です。

《指摘や改善の伝え方》

注意や改善点の指摘もフィードバックの仕方次第で、部下を前向きにすることは可能です。指摘や注意を、できるだけネガティブに受け取らせないためのフィードバックのコツを紹介します。

①改善すればもっと良くなると伝える

ただの指摘で終わるのではなく、「ここを直せばもっと良くなる」「この改善でさらに強みが増す」といった、改善につながるプラスの伝え方を心がけましょう。

②評価に紐づける

上司の期待に応えられない＝評価されない。指摘を受けて改善し、期待通りの行動ができる＝評価される。この部分を改善することがさらなる評価を勝ち取ることにつながる、と、評価と改善点をしっかり紐づけて部下に伝えることが重要です。

③具体的に伝える

フィードバックは具体的であるほど伝わりやすく、部下も理解しやすく、受け取りやすくなります。何度も言いますが、指摘することが目的ではなく、改善して良くなることが目的なので、相手に伝わる方法を意識しましょう。例えば、「人として」「当たり前を大切に」とか「もっとお客様のために」では曖昧です。人によって認識のズレが起きる伝え方はやめましょう。

④人間関係

《3年以内の離職には人間関係が大きく関わっている》

離職についてもう少し触れていきたいと思います。2つのグラフ（図22、23）を見てください。

これらから分かることは人間関係のミスマッチが離職に大きく影響しているということです。入社3年以内に退職した理由を見ると、「人間関係が良くなかった（10・0%）」と「社風が合わなかった（13・4%）」の合計が23・4%。つまり4人に1人が「人間関係」を理由に退職しています。

そして転職先に求める条件としては「ワークライフバランス（15・2%）」と並び、「良好な人間関係（15・2%）」が最も多い回答となっています。このように、「人間関係」が大きな退職原因なのです。

ワークライフバランスを中心とした労働時間の問題や仕事にミスマッチを感じて辞めている新入社員も少なからずいますが、それらに対して企業は様々な取り組みをしています。一方、同じくらい影響のある「人間関係」に対しては対策が遅れているように感

図22 転職先に求める条件

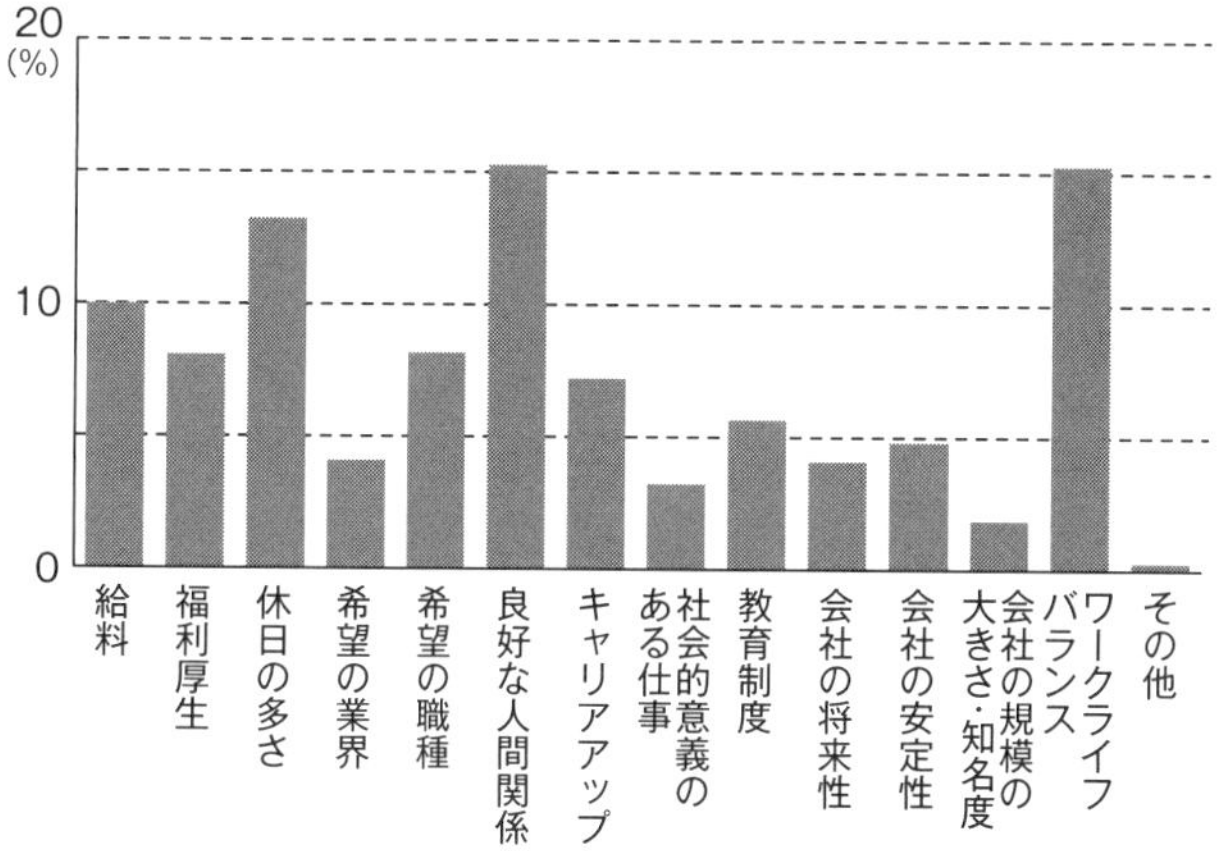

出所：株式会社 UZUZ

図23 入社3年以内に退職した理由

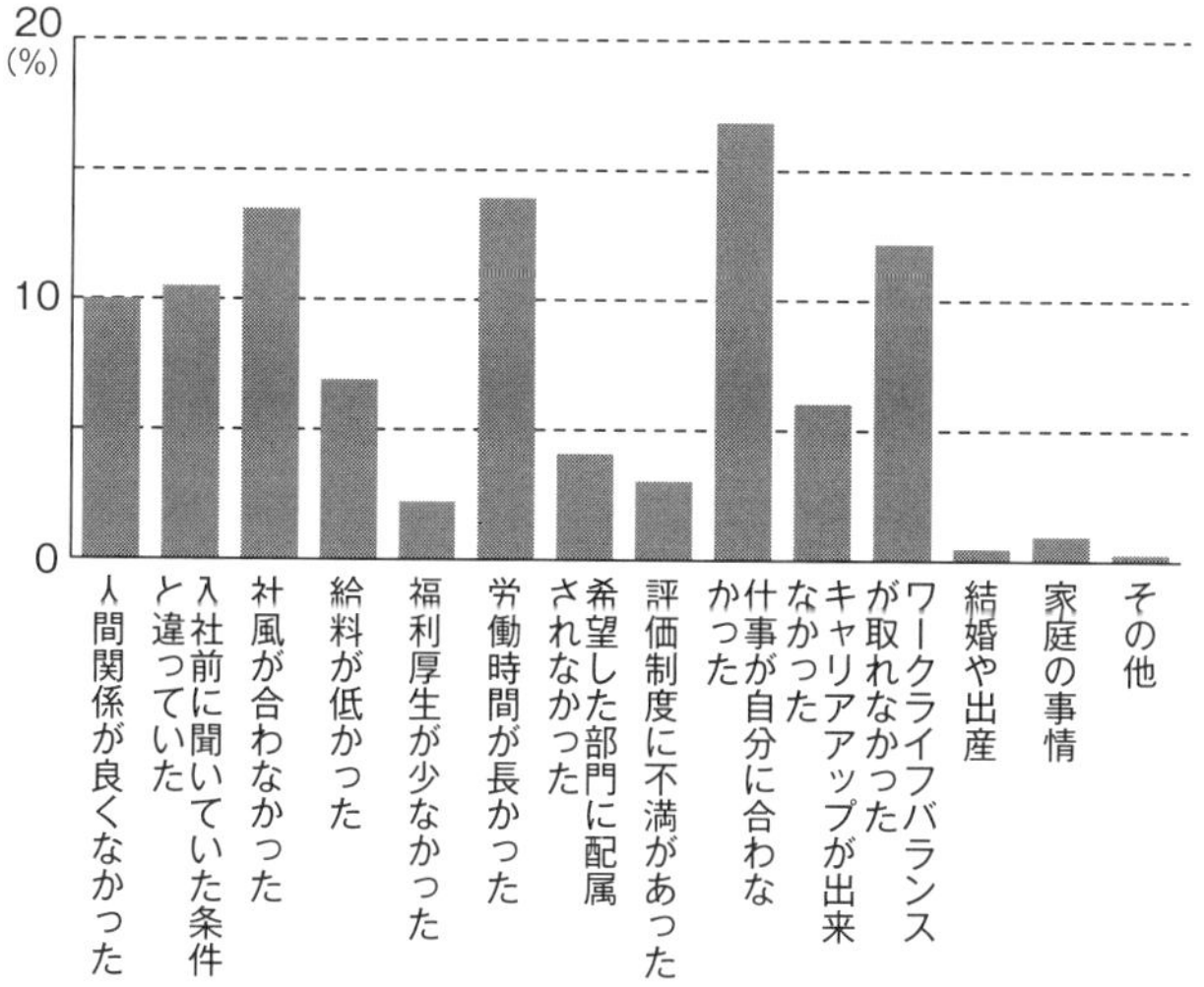

出所：株式会社 UZUZ

じます。では、人間関係にはどんな要素があるのでしょうか？　私たちが掲げる定着に関わる10要素を小項目に分解したもの（p194～195の図19）では次の3つに分類しています。

・上司…上司と信頼関係が築けているか

「③サポート・支援」の項目の《部下の成長を支援する》でも既述したように、そもそも信頼関係がないと面談の場などでそのことが露呈してしまい、離職につながります。

・仲間・部下…仲間、部下と信頼関係が築けているか

仕事は決して楽なものではありません。チャレンジしながら職務を全うする過程でストレスを感じてしまうことも少なくありません。そんな苦しい中にあっても、さらに頑張ろうと後押ししてくれる存在が同僚、部下、同期だったりします。上司との関係に悩んでいたり上司との信頼関係に問題があっても、同僚や同期の存在が離職を止める良い薬になったりします。

・目標達成への結束…与えられた目標に対して一致団結して達成しようと行動する組織か

人間関係だけが極端に良い関係や組織は、共に努力をするという関係とは違って、切磋琢磨しないただの「仲良しこよしの関係」になりがちです。

組織における本当の意味での人間関係とは、与えられた目標に対して一致団結して達成しようと行動する組織を指します。この意識が醸成されている組織は、成果をつかむ人間関係が構築されているといえます。

⑤承認

《社内表彰式が盛り上がると必ずエンゲージメントも高まる》

ここでは当社の事例をお伝えします。当社は半年に1回、社内表彰式を行っています。これは実は私が新卒で入社したときの会社の文化で、3か月か半年に1回、目標達成者や大きな成果を上げた従業員を表彰する社内表彰式が行われていました。私はその舞台に立つことが憧れで、毎日毎日何百本もテレアポしたり、深夜まで企画書を作ったり、営業を一生懸命頑張っていた記憶があります。リーマンショック直後、会社が業績不振に陥ってしまい、表彰式は消滅。日々営業や仕事に猛烈なモチベーションで頑張っていた私は、目標を失い、とても寂しい気持ちになったのを今でも覚えています。そこで、自分で作った会社では称賛する文化を絶対に絶やさないという思いから、従業員が4人だったころ、第1回の表彰式を居酒屋のテーブル席で行いました。現在は第14回。活躍した社員や成果を上げたチームにいろいろな評価基準による表彰を行っています。

私たちの表彰式のポイントは、数字（売上）の表彰が7割、理念やビジョンを体現したり、会社の期待に応えている人材に対しての表彰が3割となっていることです。営業数字を一生懸命作った営業担当者ももちろん素晴らしいですが、当社には経営企画室や人事、カスタマーサクセス、経理、デザインなどいろいろなサポート部署も存在しますので、そういった人材も選ばれるように表彰項目を設定しています。

この表彰式は、嬉しさのあまり泣いてしまったり、悔し涙があったり、抱き合ったり、ハイタッチし合ったり、まるで甲子園のような雰囲気です（図24）。そんな承認欲求を日々満たしていくのが私たちの提供しているTHANKS GIFTのアプリだったりします。表彰式は3か月あるいは半年に1回の会社の祭典といえます。みんなの前で表彰されるスポットライト効果が承認欲求を満たし、エンゲージメントアップに大きく寄与していると思います。

表彰式やアワードは「承認」や「人間関係」への気持ちを高め、活性化させる最も有効な手段といえます。なぜか。それは簡単です。「1年で最も社員が輝き、喜んでいる瞬間」だからです。仕事なので、もちろん日々楽しいことばかりではありません。辛いこと、苦しいこともあり、その上である期間内で、活躍した人材、成果を上げた人材を表彰するのが表彰式です。

表彰台に上がった人は、その景色を見るために、また次も表彰台に上がれるように頑張る。表彰台に上がることができなか

図24 社内表彰式が盛り上がると必ずエンゲージメントも高まる

©Take Action'

った人は、表彰されたメンバーを称賛しながらも悔しさをにじませる。みんなが日々の仕事を頑張ってきたある一定のゴール地点が表彰式です。

社員の日々の努力の結晶を「見える化」した表彰式。受賞と共に湧き上がる喜びの表情、称える仲間たちの満面の笑み、受賞したチームの歓喜、誇らしげな顔、頬を伝う涙、会場を包む拍手。その渦の中にいる従業員たちは、どのような表情でその場に臨んでいるでしょう。オリンピックやワールドカップの選手たちのように勝ったチームも負けたチームも互いの健闘を認め合う、承認と人間関係を構築する上で絶好の場といえます。

また当社のSNSシステムやアプリでは、スポットライト機能や「本日の主役」の称賛を加速させるサービスを設け、称賛をより活性化させています。

《社内報は古くない。最新のエンゲージメントアップの手段》

パナソニックが紙媒体の社内報を復活させました。今また社内報の重要性が論じられています。社内報の良さは、以下の点が考えられます。

・企業理解、ビジョン・方向性の理解

・社内コミュニケーションの活性化
・働くメンバー個人の情報共有
・オンとオフの切り替え
・採用活動時に会社の魅力を伝えるツール
・誰かにフォーカスしたスポットライト効果

エンゲージメントアップには欠かせない要素が多くありそうです。その中でも採用において大きな強みを発揮する「採用活動時に会社の魅力を伝えるツール」という観点についてお話しします。

私が採用支援会社の代表として企業の方に伝えるのは、実際とは大きく異なる従業員の1日のスケジュールを載せたり、取り繕った会社の姿をPRしたりして過大広告的になっている会社のパンフレットや採用ホームページよりも、従業員のありのままの姿やその会社らしさが垣間見える社内向けツールである社内報の方が、よっぽど学生や求職者に社風や文化、さらには人間関係が伝わるということです。

私が見てきた社内報の中でとても魅力的に作られているのが、東京・吉祥寺の株式会社ファイブグループの社内報です。会社の等身大の姿が反映されていて、採用活動にも既存の従業員の情報共有ツールとしてもとても上手に活用されています。

もちろん、社内報は運用が大変で、広報担当者が情報集めから企画立案、取材、原稿作成、写真撮影、印刷など、多くの工程をこなさなければなりません。しかし、前述の

図25 社内報は古くない。最新のエンゲージメントアップの手段

社員が会社をもっと好きになる社内報アプリ
社内報は、社内コミュニケーションのきっかけを創り出す最強のツール。
しかし、制作するのに社内のパワーが掛かり過ぎる。
BEST TEAMは、社員が投稿し合うと勝手に社内報が出来上がる優れモノ。

社内報アプリ5つの強み

理念の浸透につながる
輝いている社員を称賛できる
経営と現場の相互理解
会社の歴史を残していける
よりリアルな自社らしいインフラができる

活躍人材の創出・活躍人材の定着に効果を発揮

©Take Action'

ように退職の大きな理由に人間関係や社風に関わることが多く占めているのであれば、お互いに仕事以外のことを知り合ったり、その人の性格や価値観を知ったりしてさらに深く理解し合うきっかけとして社内報はとても有効です。

ただ、スマホの普及により情報は雑誌や本よりもアプリやＷｅｂでの収集がほとんどという人も若い人に限らず増えています。電車に乗っても新聞や本を読んでいる人より圧倒的にスマホをいじっている人が多いです（スマホで情報収集ではなくゲームやＬＩＮＥをしている人も多くいると思いますが）。そこで私たちは、紙の社内報と同じ効果を発揮できるよう、社内報を手軽に作成して運用できるアプリ（BEST TEAM）をリリースしました（図25）。より運用しやすく、誰でも投稿でき、投稿内容に対して直接その人にコメントやリアクションができる、紙では難しかった「対話できる社内報」としました。離職の低減、定着率の向上につなげるツールとして活用されています。

⑥理念・ビジョン

《会社の社会的意義を全力で伝える》

近年、重要になっているのが既存社員へのエンゲージメントアップと、未来の社員（求職者）に向けて、会社の社会的意義を伝えることです。とくに東日本大震災が起こった2011年以降、学生の職業観に、人の役に立ちたいとか社会貢献といった社会へのインパクトを重視する傾向が出てきたと私は感じています。

社会的意義と聞くと、少し難しくピンとこないかもしれないですが、要は企業またはその組織に所属している人々が何のために存在しているのかということです。ビジョンが、企業が外部へ発信する「こうありたい」と目指す目標や志であるとすれば、社会的意義は、ビジョンを実現するために果たさなければいけない使命や目的のことです。

使命や目的を持つことが人のエンゲージメントにどれくらい影響を与えるのかを分かりやすく示したものに、イソップ寓話「3人のレンガ職人」があります。

〈3人のレンガ職人〉

旅人が歩いていると、男がレンガを積んでいた。

「何をしているのですか？」と旅人が尋ねると、

「レンガ積みに決まっているだろ。毎日、朝から晩まで、やらなきゃいけないんだよ」

その顔は、こんなことをやらされて辛いと訴えかけていた。

旅人は男に「きっといいことだってありますよ」と慰めの言葉を残し、歩みを進めた。

さらに歩くと、またレンガを積んでいる男がいた。

「何をしているのですか？」

「大きな壁を作っているんだよ。この仕事のおかげで家族を養っていけるんだ」

今度は、楽しそうにレンガを積んでいる男たちに遭遇した。聞くと、

「大聖堂を造っているんだよ」

「大変ですね」

「とんでもない。この歴史に残る偉大な大聖堂で人々が祝福を受け、悲しみを払

う。そんな素晴らしいものを、俺たちが造っているんだぜ！」

《目的意識がない人に意識を持たせるためにできること》

３人のレンガ職人への「何をしているか」の問いかけに対する答えから、次のようなことが分かります。

1番目のレンガ職人：「レンガ積みに決まっているだろ」↓目的が分からずにしている作業

2番目のレンガ職人：「この仕事のおかげで俺は家族を養っていける」↓生活費を稼ぐのが目的

3番目のレンガ職人：「歴史に残る偉大な大聖堂を造っている」↓後世に残る事業に加わり、世の中に貢献することが目的

この中でいちばんエンゲージメントが高く仕事をしているのは、明らかに3番目の職

人です。目的がしっかりしていて、その目的を果たすためにどのような貢献ができるのかを自分で考えるからこそ、より良い仕事をしようとその仕事に積極的に関わる姿勢が生まれます。

では、やらされている感のある1番目の職人や、仕方なく生活のために働いている2番目の職人のような従業員の目的意識を高めるにはどうしたら良いのでしょうか？　それにはまず、企業の目標・志・ビジョンを明確にし、社内の勉強会や社内報でそれを徹底的に浸透させ、ビジョン達成のための模範的行動を称える表彰式制度の導入や、理念に共感する人財の採用などを行うことが必要だと思います。

他にも、やりがいや責任を与え、権限委譲をすることも、目的意識の向上に効果的です。なぜなら、自分の考えが必要とされることで「やらされ仕事」が「自分の仕事」に変わり、仕事に価値を見出すことができるようになるからです。こういった企業文化があってはじめて、ビジョン実現のための使命・目的・役割・存在意義などを自ら考え、行動に移すことができるエンゲージメントの高い人財を育てることができるのではないでしょうか。

《理念を浸透させる5ステップ、5ポイント》

従来、理念浸透の方法といえば、朝礼での理念の唱和などが多くの会社で行われてきました。日常的に行われているものの従業員は受動的で、理念を能動的に捉え、楽しく取り組むことからはかけ離れています。CREDO（クレド）カードを作成し、社員に携帯させるのもそれと変わりません。カッコいいデザインで作るのはいいのですが、社員はそれを一方的に渡されるだけで、理念が日常的かつ能動的なものとなるには、ほど遠いのです。

理念浸透は次の5つのステップで行われます（図26）。

「理念共感」した人材が入社し、「理念を実際に理解する」。そして理解したものを「実践」し、実践し続けたことが「称賛」される。称賛されて自信

図26 理念浸透のステップ

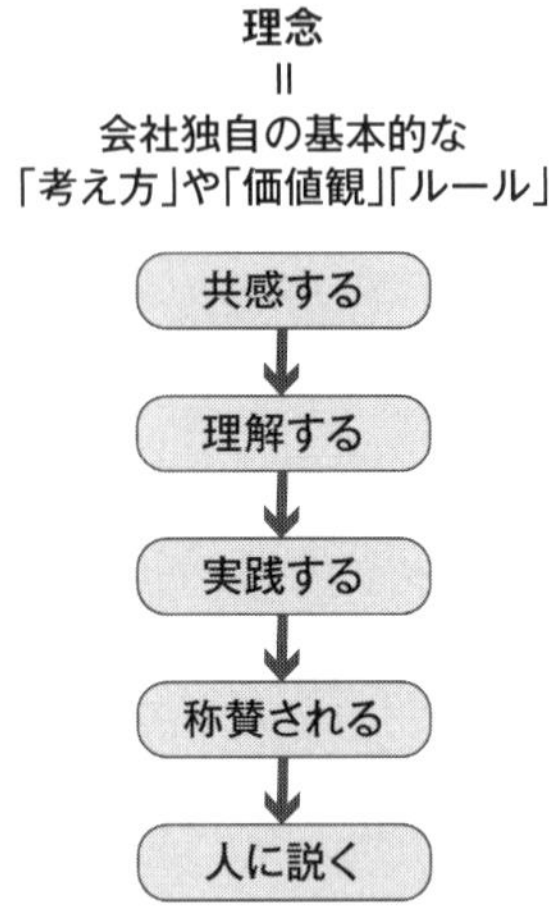

©Take Action'

となり、自分の体験として「人に説く」ことができる。

この流れを社内に作り出していくことが重要です。それにはもちろんいろいろな方法があり進め方があると思いますが、どの会社でも簡単にできる、理念や行動指針における５つのポイントがあります。

①日常的である
②社員やアルバイトが能動的である
③一方通行ではなく双方向に行う
④楽しみながら行う
⑤コミュニケーションが他のメンバーにも「見える化」されている

これらが実践されていると、理念は働くメンバーにとってより身近なものとなります。社内ＳＮＳを活用し、お互いの行動や成果を称賛し合うことを通じて理念浸透を図る。そんなアプリがあればと開発したのが当社のTHANKS GIFTです。理念は飾るものではなく、最終的には、みんなが周りに語れるくらい身近で当たり前のものとなることを目指し、多くの企業（約３００社、３万５０００ユーザー）で導入されています（図

27）。

当社の企業理念をご紹介し、併せて、企業理念に基づくクレドを設けていますので、ご覧ください（図28）。

企業理念においては、採用の専門家としてのあるべき姿を謳っています。それを、より具体化した「行動指針～ TA credo ～」として「For YOU」「For TEAM」「For ACTION」など9つの指針を設定しています。これらがTHANKS GIFTと連動し、理念の浸透を図ります。

また、第4章の「福利厚生を会社の価値観や理念を伝えるツールとして設計する」の項でも紹介しましたが、チームワークを

図27 理念・ビジョンを浸透させるために

それぞれのものを組み合わせて行うことで、効果がさらに発揮される。

©Take Action’

大切にする「For TEAM」の価値観を具体化するものとして、福利厚生に「For TEAM手当」を設けています。

⑦企業文化・ルール
《個性や多様性が叫ばれる時代だからこそルールを順守する》

エンゲージメントについての参考文献やコンサルティング会社が出しているエンゲージメント経営などの本の中では、企業文化や社風、組織風土がエンゲージメントに重要と書かれています。しかし、なぜかルールについてはあまり書かれていません。

確かに行動指針や理念というのは、その会社独自の考え方ですから、そこにルールも集約されているのかもしれません。しかし当社ではあえて理念や行動指針とは別に「ルール」として、エンゲージメントに必要な10要素を明示しています。

なぜ、ルールが定着やエンゲージメントに必要か。それは、人はある一定のルールがあるからこそ、そこにずっといられるという安心感を認識するからです。

一つのコミュニティにずっと所属し続けるという前提の上では、ルールをみなが守り順守することはそのコミュニティの安心安全につながるのです。ですので、私たちが掲げる定着に必要なエンゲージメントの10要素にも企業文化、ルールを設定しています。

当社では具体的にルールを守り続けるため、ルールブックを作成しています。

図28 Take Action'の企業理念とクレド

企業理念

採用だけで終わらせない採用の専門家として、採用･定着･活躍を1つに
みんなが主役になれる会社のレシピを提供します

行動指針～TA credo～

For YOU
お客様を家族のように想い、
「相手が本当に望むこと」を提案し続けていきます。

For TEAM
一緒に働く仲間に敬意を払い、
常に「個人プレーよりチームワーク」を優先します。

For ACTION
行動したことは悔いは残らない。
誰よりも早く行動し、スピードと期日厳守を徹底する。

For KENKYO
誰に対しても謙虚で、
何に対しても何歳になっても「素直であること」を忘れない。

For FUN
どんな仕事でも、遊びと同じように楽しみを見出し、
前向きに取り組んでいこう。

For FAN
お客様以上のファンを増やすために、
「相手が感動するレベル」の仕事をします。

For ONESELF
ビジネスパーソンの前に一人の社会人として、
常に学び人間力を高め続けていきます。

For DREAM
常にひとつ先の目標設定をしながら、
夢に向かって勇気を持ってチャレンジし続ける。

For ADVICE
共に成長する仲間のため、
厳しい指摘でもし合える“切磋琢磨”文化を作ろう。

30）食事中、メニュー選びに迷わない。目上の人と同じかそれ以下の料理や飲み物を頼む
31）一緒に食事していて気持ちの良いマナーと対応
32）メニューは必ず目上の人に渡し、先に決めてもらう
33）乾杯は、必ず両手で下からグラスを寄せ合う
34）メール返信、LINE返信は、必ず目上の人の返信で終わらせず、自分の返信で終わらせる
35）常に謙虚に。「とんでもないです」「まだまだです」「ありがとうございます」
36）待ち合わせ場所には上司やお客様より必ず先につき、相手を待つ
37）任され上手になろう！　お任せください。ご安心ください。相手が安心する返事を徹底する
38）上司から、あれ出してと言われてすぐに出せる準備力を身につけよう
39）後輩、部下の受けたクレームは全て上司の責任。絶対に部下のせいにしない
40）部下の成長の為、叱ることも大切。部下の為に愛情をもって対応する
41）無理、ダメ、できないは可能性を奪う。そんな時はどうやったら出来るか共に考えよう
42）上司や先輩、お客様に呼ばれたら、すぐに席を立ち、相手の話を聞きに行く
43）上司はパソコンを打っている時、考えている時も見られている
44）エレベーターは相手に先に入ってもらうか先に入らせて頂き、ボタンを押す役を行う
45）ドアは基本的に相手を先に入らせる。やむなく先に入る場合は、「前を失礼します」と声をかける
46）上司の求めること、上司が期待することに応じて部下は行動する
47）「自己評価」はなく、あくまで評価は上司からのみ存在する
48）周りの悪口・陰口を言わない。言っている人は必ず言われている
49）受注や契約。人への拍手は大きく、誰よりも先頭に立ってする
50）御礼は、その瞬間。そして別れた後。翌日。必ず3回する
51）気持ちの良い話の聞き方をする。あいづちは大きく、相手の話に興味を持つ
52）メール・LINEは100％返信
53）みんなの前ではネガティブ禁止
54）人が困っていたら助ける。「手伝いますよ」の声がけをする
55）苦しい、辛い表情は周りに見せない

図29 行動指針をさらにブレイクダウンしたブランドプロミス

1）挨拶は明るく元気よく、自分から。挨拶は人を元気にさせる
2）人は第一印象で先入観を持つ。笑顔は親友や家族に見せる満面の笑みで
3）名刺交換は必ず相手の名刺より下から、そして先に受け取ってもらい、両手で受け取る
4）「やらせてください」「是非」。積極性のある人に誰もが任せたくなる
5）オシャレに気を配ろう。カッコいい、可愛い。見た目も愛される人になろう
6）整理整頓。整理整頓ができない人は仕事ができないレッテルを貼られる
7）仕事に好き嫌いを持ち込まない。どんな人とも協力できる
8）頑張ります禁止。必ず答えはできます、やります
9）○○だと思います。思いますの報告はNG
10）期限は必ず守る。クオリティを理由に期限をズラさない
11）相手を褒められる、相手を勇気づけられる、良いところを見つけられる達人になろう
12）頼まれごとは、試されごと。依頼されたこと以上の価値を生み出す人になろう
13）ハキハキ話す
14）抑揚をつけて感情を入れた話し方をする
15）相手が求める1歩先へ。依頼されたことをやるのではなく、相手が求めていることをやる
16）電話は1コール以内、受け答えも明るく元気よく
17）人との別れ際。元気な挨拶。両手のシェイクハンド。深々としたおじぎ。別れ際が最も大切
18）上司は決して慌てない
19）相手に興味を持つ。どんどん質問して相手に興味を持って可愛がられよう
20）新人でもチームのムードメーカーになれる！　明るい空気づくりをできる人間になろう
21）出会いと別れは必ず両手のシェイクハンドで
22）ごめんなさいよりありがとう！　感謝はあくまでもありがとう！
23）誕生日、設立記念日、父の日、母の日。相手の大切な日をしっかりと記憶する
24）お酒など飲み物がなくなったら、何か飲みますか？　と声をかける
25）その人のタバコや好きな飲み物、こだわりや趣味を覚えておく
26）食事は目上の人が口をつけてから
27）席は必ず目上の人に上座に座ってもらう
28）自分が「お客様」となる際も店員さんへ気配りや感謝を忘れず、横柄な態度を取らない
29）自分が「お客様」であってもいばらない。店員さんへもしっかりと「ごちそうさま」「ありがとう」と感謝を伝える

図30 優秀な人材の定義

《優秀な人材とは》
半年に一回の評価項目にもなっています

【理念に沿った行動】
理念は会社の目指すべき方向性。その理念を実際の仕事で実践できる

【上司の期待に即行動】
上司の期待することが数字を上げることであれば、数字を上げる行動が出来る

【行動力と行動量】
指示に対して、初動が早い。また求める行動量より多く、早く実行できる

【達成意欲】
どんな高い目標も諦めず、最後の1分1秒まで全力で達成するための行動が継続的に出来る

【報・連・相】
上司に細かい報告が出来て上司と信頼関係を持つことが出来る

【好意的協力】
どんな時も笑顔で、誰に対しても好意的な印象を与え、社内外と協力できる

【謙虚】
未熟者である自覚が出来て、自分以外の全ての人を師と思える素直さがある

【感謝と素直】
全ての人物に対し感謝が出来て言葉や行動に表せる。「ありがとう」がいつも言える

【自立と自己完結】
周りに頼らなくても、自己完結できる責任感と強さを持つ

これによって、みなが守るためのルールが明文化されています。またルールを守らず、ルール違反を犯してしまうとどんなペナルティがあるか、というルールも設定されています。なお、当社ではみなが同じルールの中で成果をつかむための公平な環境づくりを目指す趣旨から、他にも優秀な人材の定義（図30）、マネジメントの心得（図21）、共に働くメンバーとして守るべきブランドプロミス（p228〜229の図29）などたくさんのルールを設けています。

⑧待遇

《給与・福利厚生はバランスが重要》

「待遇」については、第5章で詳述しましたが、簡単に再掲します。給与はより高く、福利厚生はより充実するに越したことはありません。しかし、それらの延長線上に不満の解消や満足感を得ることがあるとはいえません。苦痛や欠乏の解消には一定の給与・福利厚生が必要である一方、働く動機づけとなるのは達成感ややりがいなどであり、それなしにはいくら給与を上げても満たされません。給与・福利厚生はバランスが重要で、長期的な定着の観点からはやりがいが重要だということです。

⑨評価

《明確な評価基準のもとに上司・部下で認識を共有》

従業員にとって、不満を覚えたり、離職につながったりする評価とは何でしょう。もちろん、自分が低い評価を受ければ不満も起こりますが、それ以上に評価のモノサシが曖昧であったり、上司によって評価の仕方がバラバラであったりすることが問題なのではないでしょうか。評価基準が誰の目にも明確であれば、仮に低い評価であっても受け入れられ、次は頑張ろうと思えるでしょう。

また、評価のモノサシが不明確であると、部下は頑張っているけれど、違う方向に頑張ってしまって、評価されないということになりえます。いちばん悲しいことです。

会社、上司、部下、三者それぞれの役割を次のように挙げることができます。

会社は、何で評価し、どんな項目、どんな基準で評価するのかを明確にすること。それは評価が上がる場合も、下がる場合も明確にしなければなりません。

上司は、自分が何を期待しているか、どうすれば評価に値するのかについて、部下が迷わないように認識のズレがなく伝える必要があります。

部下は、なんで評価されないのかと不平・不満を持つのではなく、不明なことは自分から上司とコミュニケーションをとって、認識のズレがないようにすることが求められます。

評価は会社として従業員に何を期待するのかを示すものです。定量的でなければなりません。理念・ビジョンを体現しているか、ルールを大事にしているかということを最も期待するのであれば、評価はルールの徹底とかビジョンの理解ということに重きを置けばよく、成果・成長であれば成績など結果の管理をすればいいのです。当社の評価制度はとても明確です。ルールブックとして社内で共有し、必要があれば改定していきます。

⑩健康

《心身の健康と安心をベースに仕事の充実に向かう》

健康は仕事のベースです。このことに議論の余地はないでしょう。近年では、福利厚生として禁煙手当を設けたり、社内に仮眠室を設置したり、健康に気遣った食材をオフィスの冷凍庫に用意したり、さらには家族に無添加の野菜を送るなど、健康をより前面に打ち出した施策をとる企業も多くなりました。

ストレスは仕事にはつきものであり、よりチャレンジングに、よりアグレッシブに市場を創造していこうとする企業であれば緊張度も高まるでしょう。要は、いかにストレスと上手に付き合うか、会社として従業員に対してどのような姿勢を示すのか、です。ここが、定着を促し、離職の低減につながるポイントといえるでしょう。

例えば昼寝タイムを設けたり、会議前に瞑想の時間をとったりする会社もあります。当社では多事業部による横断的な委員会を組み、いつもの上司・部下ではない組み合わせで、社内に設けたコミュニケーションルームで昼食をとることにしています。会社からランチ代1500円を支給し、各自好きなお弁当を頼みます。一人暮らしの従業員も多いので、彼らにとっては健康的なものを食べる機会となります。この場で、より良い職場、良い会社にしていくことなどを話題にして思い思いのアイデアを出し合います。

このように、大掛かりな仕掛けではなくとも、それぞれの会社らしいスタイルで従業員の健康への姿勢を示すことが重要です。それによって従業員は安心感を育み、定着への土壌となるのです。

おわりに
企業として大切なものは変わらない。変わらないために順応していく

本書『社員が辞めない会社の作り方』をお読みいただき、ありがとうございました。定着、活躍、エンゲージメントについて、私自身が起業して体験、実感し、もがき、試行錯誤しながら学んできた中で、みなさんにお伝えしたいことを書き記しました。みなさんの企業成長のヒントとなり、お役立ていただけましたら、これほどの喜びはありません。

少子化、人口減少、そして自動運転やチャットボットをはじめ急激なＡＩ化の流れがあり、また、経済界は「もう終身雇用の維持は困難」と表明するなど、働く環境は大きく変容しています。もはや3年後を見通すことも難しいといえます。

理念にフィットする人材を採用し、定着、活躍へとつながるエンゲージメントアップについて、みなさんにお伝えしてきました。それは何よりも、成長を遂げている会社に人手不足で経営困難あるいは倒産するような憂き目にあってほしくないという思いからです。

変化しているのは働く環境ばかりではありません。何よりも働く人々の幸せのかたち、働き方、求めるものが変わってきています。働く意欲やモチベーションは、かつてなら就職サイトでは、稼げるとか、地位などのステータスで訴求できました。今や、そういうことを求めている人やガツガツした人は減ってきています。それを物足りなく感じるのは高度成長とバブルに生きた人々であり、それらと無縁な若者たちが今を生きています。彼らは今、大切にすべきものを大切にしているのです。さらに時代の空気が大きく変わったのが東日本大震災です。「本当の幸せって何だろう」と問いかけながら、仲間とのつながりに、より価値を求めるようになってきた、と私には思えます。

若者がどういう働き方、どんな生き甲斐を求めるのか。そこに敏感な企業が生き残っていくのでしょう。「自分たちの若いころは」ではなく、若者と意識がズレていることを素直に認め、それを織り込んだ上での戦略を立てなければ人材は採れないし、定着しないでしょう。

ＡＩ化が進めば、それだけ人材は人が介在する意味のある仕事に集中していくでしょう。限られた戦力で最大の効果を発揮するには、働く従業員が何を求めているかを考える必要があります。会社の目指すことと個人の目指すことがリンクすることを若い人たちも重要視しています。１００人いるなら、１＋１＋１の足し算ではなく、２×４や４×６の掛け算を可能にし、人の力をフルに発揮させる原動力が本書で紹介してきたエンゲージメントなのです。

同時に気をつけたいのは、「ブラック企業」「働き方改革」「10連休」といった言葉などに象徴されるように、あたかも働かないことがいいというような言説が一方にあることです。

しかしながら、高い成果を上げ、その世界でトップクラスにある人は大量の業務をこなし、仕事とプライベートが混在している人がほとんどです。

「やらされている」ならブラックな激務、「自分の力を伸ばしたい／伸ばせる」なら会社の方向と個人の方向が一致するエンゲージメントに近い、といえるのです。

「君はどうなりたいの。会社が目指している方向はこうだよ。両者が連動しているなら、会社で頑張ることで君は5年後になりたいものに向かっているんだよ」と。若者の気持ちに寄り添って、あなたの組織を強くしていきましょう。

理想や目指すべきことを発信している当社Take Action' 自体、解決しなければいけない課題が山積みです。会社が成長するということはチャレンジしているということなので、チームにも個人にも負荷がかかります。エンゲージメントの到達点はまだまだ遠いところにありますが、それが大事だと認識することが重要だと思います。社内でも、うまくいっていないときというのは部下やメンバーへの承認が欠落し、感謝が足りないときだとリーダーたちに私はよく話します。そうして、みなで変わっていくことが、いい企業になっていく第一歩だと思っています。

起業して10年経って、なんとなくトンネルの先の光のようなものが見えてきました。

そして、その光の方向に向かって進んだら良い結果が出はじめ、私の考えも次第に確信に変わりつつあります。この過程での気づきをまとめたのが本書です。

本書の事例でご登場いただいたマザーズ上場企業をはじめとする各社は若者のメンタリティに寄り添い、柔軟かつ強力なリーダーシップで理念経営を進めています。そうした会社の経営者にも、この先、若い人々の意識がどう変わっていくかは分からないでしょう。でも、変わっていくに違いないから対応していこうという気構えがあるのだと思います。

ご自身の意識を変えるところからがスタートです。

大切なものは変わらない。だから自らが変わり、より良い未来に向かって進んでいきましょう。

令和元年　夏　成田靖也

本書は書き下ろしです。原稿枚数314枚（400字詰め）。

構成　森透
作図　中村文（tt-office）
装幀　米谷テツヤ

〈著者紹介〉
成田靖也　1984年6月26日北海道函館市生まれ。株式会社Take Action'／株式会社THANKS GIFT代表取締役。人材コンサルティング会社にて、当時最年少支社長として名古屋支社に赴任。採用会社の「入社させたら終わり」という顧客目線ではない手法に疑問を持ち、採用から定着、活躍まで支援するカタチを求め、2010年(株)Take Action'を設立。現在は採用のみならず組織エンゲージメントを高めるHR TECHの領域でも事業を拡大し、従業員の定着率を向上させることに特化したアプリTHANKS GIFT、社内報アプリBEST TEAMは、300社3万5000ユーザーの定着と社内活性化に貢献している。

社員が辞めない会社の作り方
採用・定着の新基準「エンゲージメント」のすべて
2019年10月10日　第1刷発行

著　者　成田靖也
発行者　見城 徹

GENTOSHA

発行所　株式会社 幻冬舎
〒151-0051 東京都渋谷区千駄ヶ谷4-9-7

電話:03(5411)6211(編集)
03(5411)6222(営業)
振替:00120-8-767643
印刷・製本所:株式会社 光邦

Printed in Japan
ISBN978-4-344-03520-1 C0095
幻冬舎ホームページアドレス　https://www.gentosha.co.jp/

この本に関するご意見・ご感想をメールでお寄せいただく場合は、comment@gentosha.co.jpまで。